我々はなぜ道徳的か

――ヒュームの洞察

神野慧一郎

How we became moral, Why we are moral.

Kamino Keiichiro

勁草書房

我々はなぜ道徳的か

ヒュームの洞察

目次

目　次

序　章　問題設定

1　問題の意味

我々の問題は「我々はなぜ道徳的なのか」である。これはあるいは、「我々はどのようにして道徳的となったか」、また「我々が道徳的であるとはいかなることか」という問いであると言ってもよい。そして我々は、その問題をかなり発生史的に「道徳的次元はいかにして成立したか」という形の問いとして考察しようとしている。しかし、これは、「我々はなぜ道徳的であるべきか」という問いではない。

一般に、「我々はなぜ道徳的でなくてはならないか」という問いが意味を持つのは、道徳的であるということが単に洗練された利己主義ないし知慮にとどまるものではなく、それを越える「あるもの」

であると理解されている場合であろう。その場合、この問いは、道徳的であることを選択すべき理由が存在するかどうかを問う問いとして理解されるか、または、この道徳体系よりもあの道徳体系を選ぶべきであるという主張の根拠づけを求めるものと理解されるであろう。しかし、いずれにせよ我々のさしあたっての問題はそこにはない。我々の問題は、むしろ、道徳的な正しい選択がありうるとしたらそれはどうしてか（つまり、単なる自己保存のための知慮を越えた理由づけが我々の行為に与えられるとしたらそれはどうしてか）であり、そういう選択を支持する知識（道徳的知識）がありうるとしたら、そのことにはどのような根拠があるのかということにある。

実際、「我々はなぜ道徳的であるべきか」という問いは、プッリチャードの言うごとく無意味かもしれない。(1)「道徳的である」ことが自己否定を意味しないで可能であるのなら、「我々はなぜ道徳的であるべきか」という問いの無意味さは自明である。「道徳的な正しさ」は我々に抗し難い仕方で直観的に与えられるのだとすると、我々がそれに従うべきか否かを議論するのは無意味である。もちろん我々は、そんな直観を持つのかと問い返し、正しいとされていることの根拠を問うことはできる。しかし冒頭に述べた我々の問いの目標は、道徳的判断の根拠の解明にあるのではない。また当然ながら我々の問いは、「道徳的に正しいことは、なぜなすべきことか」という問いではない。この問いはトートロジーであり、問うのは無意味である。

ここで知慮と道徳との違いに関して、一言述べておくべきかも知れない。道徳法則は、それを我々皆が守れば、実際に我々のすべてにとって「よき」ものであり、利益があるものであるかもしれない。

しかし、そこにのみ道徳の存在理由を見いだすことは、道徳を知慮と同一視することであり、したがってそれは我々がなぜ道徳的であるかを十分に説明するものではなく、道徳が人間存在にとってどんな意味を持つかを示す議論とはならないであろう。それはまた、「なぜ我々は道徳的であるべきか」という問いの答えにもならないであろう。もししかし、我々がふつう道徳とみなしているものの存在理由としては、我々が知慮と呼ぶものしか存在しないのだとすると、これは我々の問題への一つの答え、——強い意味での道徳は存在しないという否定的な答え——ではありうるであろう。ここで強い意味での道徳と言ったのは、「よりよき」、あるいは「より美しき」生への欲求ないし意志を行為主体が持っているというような意味である。

さて、行為選択の理由が知慮しかないというのが真の答えかどうかは、もちろん以下において検討しなくてはならない。けれども、もしこの否定的な答えが我々の受け入れなくてはならない答えだとすれば、それは我々の問題を無意味とするものではないが、我々が道徳的であるべきであることを積極的に弁明するのを非常に難しくする。しかし話を元に戻そう。

我々の問題は、「我々はなぜ道徳的でなくてはならぬか」ではなく、むしろ道徳というものは存在するのか、存在するとすればどういう意味で存在するのかということにある。それは、我々はどのようにして道徳的であるに至ったかという問いでもある。そしてもしそれについての答えがえられたならば、その見解に基づいて我々は道徳はいかなるものでありうるかを考えることもできよう。道徳論の展開についてのこのような立場は、ヒューム的な観点に近いと言える。彼の道徳論は、ある意味で人為的な正義という徳がいかにして人間の自然本性に即して成立するかを明らかにするものであった。

我々の問題は、ある意味ではもちろん、「我々の道徳はいかなるものか」ということにあるが、しかしそれは道徳的命題の例を示すことを目標とするものではない。我々の問題は、道徳の成立とその構造を問うものであって、我々の欲求・欲望の満足以上の価値を要求する意味での道徳というものが果たして「人類のむなしい願望以上のものとして」存在しうるのかということにかかっている。したがって、ここで道徳というとき、それはうまく生きるための慎重な深慮ということを意味しない。そうした慎重な深慮、すなわち知慮は、ただちに道徳的判断ではない。例えば、もしホッブズの言うように、利己心の固まりである我々が自己保存を図るには、ある一定の規則に従う方が良いということを見出したとき、我々がそうした約束事に従うことは、道徳的といってよいであろうか。必ずしもそうとは考えられない。それは合理的であるかもしれないが、必ずしも道徳的ではないであろう。

我々が自己保存を図って我々すべてが守るべき規則を作りそれに従って行為するとき、それは合理的な行為であるかもしれないが、道徳的な行為では必ずしもない。なぜなら、その場合の規則順守は、ある目的を達成するための手段を選択したというだけのことだからである。その際の規則順守という選択は、賢明であるかもしれないが、道徳的では必ずしもない。つまり、「Ｑという結果をうるために、Ｐという手段を取るべきである」というときの「べき」は、目的合理性を表すべきであるが、それは必ずしも道徳的な意味でのべきではない。

もちろん、我々が生存を続けていくためには、知慮は重要である。特に現在の文明社会では知慮は必要である。田園における牧歌的な生活というのは、今ではもはやほとんど夢に近くなっている。生きるためには賢明であらねばならない。知慮は必要ではある。しかしそれは道徳的であることとは別のことである。もし知慮だけで我々の人生が進んでいくとすれば、道徳や倫理は必要ではない。しかし、いったい、知慮以上のものに基づく生活の規則、つまり道徳規則というものは人類にとって有意義であろうか。

この問いを現在において問う意義があると思う理由は、一つには、洋の東西を問わず、かつて支配的であった価値の体系が衰退しつつあるという事実を見るからである。西洋においてはキリスト教が、東洋においては儒教が、かつてそれらが持っていた精神的支配力を失っている。そしてまた、近代的社会の価値そのものが斜陽の状況にあると考えられている。実際、近代的発想の基本である自我ないし個人の独立や自律を基礎に道徳を考えることは今やなかなか難しい。これはまた、社会の複雑化により行為の価値をその成否とは独立に評価するということが難しくなっているということでもある。しかし行為の価値がその成果によって判定されるなら、行為そのものに道徳的価値があるというふうには考えにくい。今日我々は、自己を犠牲にして他人を救うことを、むしろ愚かなことと考えがちである。現代は道徳の衰退期である。このような状況を踏まえて、以下で論じたい。

2　人間にとって無道徳であることは可能か

ここで我々は、体系的に道徳とはいかなるものかを論じて道徳的規範の体系を設立しようとしているのではない。我々が道徳性について考察しようとしている観点ないし切り口の意味は、議論を追って明らかになるはずである。しかしそれにしても、まず我々の観点を最初にいくらかなりとも明らかにしておくべきであろう。そのために、まず道徳性を欠く世界（無‐道徳）を想定し、それがどのようなものかを見つつ、それとの対比において我々の問題とするところを説明してみたい。B・ウイリアムズはそのような試みに役立つある議論を行っている(2)。

無‐道徳的な人間の状態とはいかなることであるか。ここで無‐道徳ということは、非‐道徳ということとは区別される。なぜなら、非‐道徳という概念は、なんらかの道徳的基準の否定であり、道徳性の成立を前提している、と考えられるからである。さてまず結論から言うと、ウイリアムズの議論が示すところは、社会における人間とは、道徳的であるにせよ非‐道徳的であるにせよ、道徳的ということから逃れられない存在だ、ということのようである。社会的存在としての人間は無‐道徳ではありえない。

「私がなすべき何ごとかがあるか」と問う人は、道徳的な反抗を試みているのかもしれないが、その反抗は道徳的なシステムの存在に寄生してのみ成立するのではないか。このことが彼の主張であるように思われる。

彼の議論を簡単に述べてみると、次のようなことになろう。上記の問いは、もしそれが人生への絶望、すなわち「私はもう何もすることがない」ということを表明しているのでないとすれば、「なぜそれをしなくてはならないか」と反問して、ある行為をすることの理由を求めているものであろう。そうだとすれば我々は、このときその問いに理性的に答えて、道徳性を確立できる。もちろん、その場合、我々が理性を持つことが認められていなくてはならないし、また、道徳性が理性的に確立できるものであることも認められねばならない。逆に、もしこのことが認められるなら、この際に道徳性が確立できるものならば、それは理性的にのみ確立できるものであることになる。実際、我々は、上記の問いに理性的に答えて、道徳性を確立することができる。もちろん、この際、理性という観念はゆるやかに広い意味で取られる必要があろう。

今、上記の問いの意味するところが、「なぜそれをしなくてはならないのか」という反問であり、その反問をすることによってその反抗的人間が言いたいのは、たとえば「自分は他人の利益のことには関心を払わない」ということだとしよう。と言うのも、道徳というものを認めないということは、多くの場合そういう利己心の主張であろうからである。その際、反問者は道徳的であることを自ら否定し、ただ自己利益を追求するという宣言をしていることになろう。彼はいわば、非‐道徳的である。我々は彼にどういう態度を取るであろうか。彼を非難するとすれば、それは一つの道徳的な体系の中で行われていることになる。では我々は彼には構わないことにするとしよう。我々は、彼を我々の関心の外に置こうと決めたとするのである。彼は無‐道徳の立場にあるであろうか。否である。誰についてであれ、我々が「彼は他人の利益には関心を払わなくても構わない（よい）」と認めるとすれば、それはすでに道徳の領域の事柄となる。道徳への反抗者が、「自分はそういう事柄に対して道徳的にならない」のだと言ったとすれば、それは既に道徳的システムの中でものを言っていることになる。

かくして、社会において存在する人間は、非‐道徳的であっても無‐道徳的ではありえない。そして逆に、仮にもし我々が無‐道徳的であるとするとどうなるか。その場合、我々無‐道徳的存在者つまり道徳への反抗者は、他人が彼に不当な行為をしたと腹は立ててもいいが、その行為に対して「けしからん（あるべきことではない）」と言って憤慨することは許されないことになる。なぜなら、その場合に憤慨することは道徳的システムの中でのみ認められることであり、そうした場合に彼が憤激したとすれば、彼の立場は一貫しないことになるからである。しかし、事実我々は他人のある種の行為を不当であると感ずるのではないか。さらにまた、人が道徳を守るのはその人が臆病な故だ、とすることもできない。なぜなら、それは事実に反するからである。我々の周りにでも、雄々しく道徳的である人がいないわけではない。だがともかく事実として我々は、社会によって道徳性を自らの内に内在化され、社会によって道徳的であるように条件づけられているというべきではないのか。

かくて、何らかの社会にあるということは、何らかの道徳的な体系の中にあることを意味する。ただ、その道徳的体系がよき体系であるかどうか、それはまだわからない。ここで言っていることは、「やくざ」の社会にも、それが一種の社会であるからは、それなりの道徳体系があるというだけのことである。この意味でなら、社会的昆虫も一種の倫理的な規則の体系を持っているとさえ見うる。ただ、社会的昆虫は理性的存在と異なっており（少なくとも我々はそう考えている）、理性的決断をするかどうかはわからない。

道徳や倫理の命題は社会における行動の指針となるものであろう。そして、その指針の目指すところは、それが目指すところとそれによって齎されるものとが現実に一致しているかどうかは別として、本来は当然、社会にとって「よきこと」であったろう。しかし、進化論なら、それは人間の遺伝子が生き残り、再生し、繁殖することを可能にする意味で「よい」ことなのだ、と言うのではないか。しかしこの意味での「よい」は、優れた意味での道徳的な規範でありうるであろうか。もちろん生き残りに反する行為は、「あしき」行為であろうが。

「よい」にも「べし」にもいくつかの基本的な意味があり、議論はそう単純ではない。優れた意味で道徳的規範となるものは、単に現状保持や維持という観点から「よい」だけでなく、「よりよく」ということへの志向を何らかの意味で含んでいるものであるのではないであろうか。

それゆえ、一つの集団がある種の行動法則ないし規則を持つからと言って、直ちにその集団が道徳的であるということにはならないであろう。実際、人間の従う規則の中には、道徳的とは言えない類のものであるが必要な規則も（もちろん必要でなく、ない方がよい規則も）種々あり、社会的規則を持つ社会なら直ちに道徳的な社会だ、とは言えないようにも思える。

さらに言えば、社会的昆虫においてそれら昆虫たちの集団がいわばその行動基準として持つものは、それら昆虫が意識しているものでもなく、それらの社会の成員のうちのどれかが自覚的に定めた規則や指針でもない。昆虫たちの行動基準は、生物学的に定まった行動基準である。しかし、人間の倫理や道徳に関してはこの点はどうなのであろうか。つまり、人間の道徳や倫理的な考えも、生物学的な法則だけで説明し尽くしうるものであろうか。すなわち、上記の表現に従って言えば、道徳は科学的知識へ還元しうるものであろうか。それとも人間は、進化の過程のある時点において「(より)よい」とか「価値」とかいう観念を持つに至り、それを発展(どのような発展があったかは推測するしかないが)させたのであろうか。例えば、もし人間が猿と違った方向に進化するまでは価値意識を少なくとも自覚的には持たなかったのだとすると、我々は進化のどこかの段階で価値意識を持つように成ったのだということになる。こうした考えは、我々の注意を進化論の方へ向けさせる。しかし、進化論と倫理学との関係はいかなるものであろうか。

3　進化論と倫理学

最近、進化論的倫理学ということが言われる。それがどういう意味を持っているのか必ずしもはっきりしないが、一つの意味は、我々の道徳がいかなるものでありうるかを考える場合に、我々は生物学、特に進化論の教えるところに留意せねば実効のある倫理学を作り上げることはできない、という主張であると受け取れる。この主張には一定の意味がある、と言ってよい。すなわち、適応の過程で自然選択により最適なものが生き残ったという意味で、適応が人間の道徳形成に寄与したことは疑いがない。しかし、進化論的倫理学という言葉には、もっと強い意味もあるように思われる。すなわち、それは、進化論的な適応の過程が、それだけで我々人間の道徳性の内容を決定するに充分な条件であるという主張を意味しているように思われる。つまり一種の還元論的主張である。我々はこういう立場はとれないと考える。

自然法則から見て不可能なことを我々はなしえない。それゆえ、自然法則によりその不可能が示されることを倫理の目的に据えるのは意味がないことだという主張は、十分成立しうると考えられる。為すべきことは、為し能うことでなくてはならない。普通の意味では、「べし（ought）」は「可能（can）」を含意すべきであろう。しかしそれでも、超越的な理想を掲げる倫理的主張が、すべて道徳的な意義を待たないかどうかは、議論の分かれるところであろう。

ここで言いたいのは次のことである。進化論や遺伝学をも含めて、生物学の法則も物理学的な法則と同じく自然科学的な法則である。それ故、我々の倫理的・道徳的主張は、それが物理学の教えるところを尊重すべきであるのと同じ意味で、生物学の教えるところを尊重すべきである。このことは明白である。けれども生物学に反すること、特に自然選択の議論に反する主張をすることは、意味がないことであろうか。必ずしもそうではない。というのは、例えば、人間はすべて平等であるべきだという規範的な主張は、生物学的な事実から出てくるわけではなく、むしろある意味ではそれに反しているからである。

進化論的な議論が、倫理学ないし道徳についての考察に、どのような貢献をなしうるかという問題を考える場合、当然ながら、まず倫理とか道徳とかいうことはどういう次元で成立する概念であるかを、せめてある程度明らかにしておくべきである。もし進化論的な倫理学が強い意味で成立するとすれば、その中心概念は、人間の道徳性が、道徳的な判断についてもまた道徳的な行為についても、適応ということによって説明されるということであろう。この理論によれば、人間の道徳が今のようなものであるのは、進化論的な適応の過程を通じて、そういう道徳が人間の群れを生き延びさせ、再生繁殖させたからであることになる。

このような考えは西欧の思想の歴史の上でずいぶん古くからあり、おそらくは古代ギリシァ以来のものであるかもしれない。家を絶やすことを罪と考える儒教もまたそうであるかもしれない。と言うのは、道徳というものは、古来、人間たちがひとつの群れをなして共に生きていく場合に、平和的に、そして単に生存し続けるというだけでなく、繁栄していくことを願って唱えられた説であろうからである。そして、進化論的倫理学がもし正しければ、それは道徳を成立せしめる因果的な機構を、遺伝子の決定によるものという形で解明したということになるであろうし、それが人間の利他的な行為をも説明するものであるなら、道徳の基本的な構造は進化論的な倫理学によって解明されたといえるかもしれない。しかし、結論を先回りして言うなら、還元論的な進化論的倫理学の果たしうる課題と、人間の道徳論との間には、越えがたい溝があるように思われる。

我々は後章で、進化論的な見地と道徳論の接点を取り上げることになるが、ここではまず倫理学の生物学ないし進化論への還元は、我々の意図するところではないことを明言するに止めたい。道徳の進化論的生物学的な扱いと、道徳論そのものの間に横たわる越えがたい溝の一つは、例えば「事実認識」と「規範意識」や「価値の認識」との間に横たわっている。

第一章　方法論的指針

1　倫理的知識の要件

道徳ないし倫理的知識への要請として、次の二つを置きたい。第一は、道徳的知識は超自然的なものに訴えることなく持ちうること、つまり我々は概ね自然主義的な理解に立つものであることであり、第二は、道徳的判断は、我々自身やまた他人が選択を行うことへの圧力を持つものであること、つまり、いかに行為しうるかということに関する実践的知識であることである。以下それぞれについて説明しておきたい。

(1) 自然主義的アプローチ

我々の倫理的知識はまず、おおむね自然主義的な理解に立つべきものである、と私は考える。あるいは、もし人間本性（human nature）なるものが存在すると言えるとすれば、我々の道徳は人間本性に沿ったものであるべきである、と考える。と言っても我々は、自然主義的な立場に立つということで、道徳ないし倫理的概念が自然主義的概念で定義されるとかそこへ還元されるとかという主張をするものではない。我々の自然主義の意味するところは、神や精神、イデアというような超越的存在を論証なしに認めて、そこから倫理的な結論を引き出すというような方法を我々は採らない、ということである。現実に足をつけていない超越的な原理に頼るとき、我々は過剰な道徳的要求をしがちである。けれども歴史の示すところでは、過剰な道徳的要求のもたらしたものは、多くの場合、災厄と悲劇であった。そうしたことを我々は繰り返したくないのである。また他方、我々は、道徳的な指令を押しつけられると、なんらかの疑念を懐く。あまり道徳的なことを言い立てる人には、我々は疑いを持つ。そしてそれは、概ね正しい反応であろう。これらのことについていくらか贅言を加えることを許して頂けるであろうか。

道徳的判断は人々に強制する力を持つものである。実際それは、ときには空念仏を称えて人々を誤った方向に連れ込み、あるいは人々に必ずしも正しくない判定を下す。誤った道徳的判断を下された犠牲者は、罪悪感と苦悶の内に生きなければならない。また、誤った正義感に満ちた人間の行動ほど、始末に困るものはない。そのことを納得するには、手近なところで言えば、戦前の日本の八紘一宇の精神の鼓吹や、ドイツのナチズム、第二次大戦後の冷戦や中国の文化革命やカンボジヤのポルポトなどのことを想起すれば十分である。それらは自らに対立し反対するものを「悪」として弾圧した。

それなら我々は、この世を超越しようという試みを止め、もっと個人的な、地上的な生き方を求めていればよいのであろうか。実際、社会的次元での積極的自由が、諸悪の根源であるようにも見える。それゆえ我々は、他人の自由を侵さない範囲で生きていれば、それでよいのであろうか。

しかし、この世のこともそれほど簡単ではない。複雑な社会に生きる人間はしばしばある程度、鈍感になり残酷にならざるをえないことすらある。我々は、我々の電力などのエネルギー消費が地球温暖化をもたらすことを知っており、またそれが後世にどんな悪影響を残すかをも知っているが、しかしエネルギー消費をやめない。我々はパソコンやワープロを使い、車に乗って移動することをやめない。そういう状況の中での過度な道徳的主張は、人間の生活を却って破壊する。ここには、快適な生活の追求、あるいは地上的な人生の幸福の追求も、全体としてみれば破壊的なのではないかというディレンマがある。それどころか、道徳的次元におけるディレンマは人生における悲劇の要因でもある。

我々は、適切な道徳的判断を持つようにしなくてはならないが、しかし道徳的な判断というものは一体どういうものなのか。また我々は、周囲の世界の在り方に反応して、態度を決め、行為する。しかし、こうした態度決定や行為は、どのようなものであるべきであろうか。こういう性質の判断や知識を吟味するためにどのような方策を採ればよいであろうか。そうしたことを考えておかねばならない。もちろん、道徳的な解決がいつも可能であるという保証があるわけではない。現実はむしろその反対であろう。我々は現実の問題がいつも道徳的に割り切れるのだと主張するつもりはない。

我々は我々の立場として、できるだけ自然主義的な立場を採ると言ったが、このことは倫理学に独自の領域を認めないということではない。その反対である。倫理学の命題は自然の状態の記述とは別の次元ないし領域のことである、と我々は考える。そしてその領域を確保したい。ただしかし、その次元ないし領域を超自然的な秩序に基づけて理解し弁護することを、我々は拒否するのである。また、倫理的概念が自然主義的概念で定義されるとかそこへ還元されるとかという主張をするものではない。この意味での自然主義の排除は、この後にすぐ述べるように、倫理的知識についての我々の第二の要請、すなわち倫理的知識は何らかの事態を述べるだけではなく我々の立ち居振る舞いに圧力を及ぼすものだということに関係がある。こういう性質の知識を吟味するためにどのような方策を採ればよいかを以下で考察することになろう。

ここで予め明確にしておかねばならないことがある。やがて見るように、我々は、行為を倫理学における直接の与件として考えるのであるが（この際、他にどのような直接与件があるであろうか）、しかしそれは、かつての論理的行動主義のように、心の状態という概念の意義を否定するものではない、ということである。もちろん、他人の心の状態が、直接観察されるということはない。それは解釈に基づいて推定され、理解されるものかもしれない。しかし我々は、心の状態という概念に積極的な意味を認めるのである。というのも、心の状態について語ることは、なお自然主義的な記述であろうからである。我々は心の状態という概念を否定するという意味においてまで、自然主義的あるいは物理主義的なのではない。しかし、さらにここで注意しておかねばならないことがある。それはすなわち、我々は心の状態ということに意味を認めると言っても、それは我々が自分の「心の状態」を覗き込めば自分の価値観を確定できるという考えを採るということではない、ということである。というのは、「心の状態」というのは記述的な性質のものであり、規範的な性質とは別のものであるからである。自分の価値観は、いつも自分が自覚しているものというわけには行かないのである。我々が「価値を認めたり、否定したりする」という概念を認めるのは、ちょうど言語哲学において、「命題」という概念に我々が意義を認めるのと同じである。つまりその存在は「論理的空間」における存在であり、推論された存在である。

(2) 倫理的知識は実践的知識であること

倫理的知識は、我々の行為や態度における反応や我々が懐く動機に表明される、実際的な事柄である。それは、我々の選択や決定に圧力を及ぼし、倫理的な考察の導きをなすものである。それは我々の立ち居振る舞いや事柄の評価の問題である。しかし、こういう知識はいかなる構造を持つものであろうか。

倫理的な命題の分析にはいろいろな仕方が考えられるかもしれないが、我々は今言ったように、倫理的分析の対象としてまず与えられているもの（与件）は行為である、と考える。それ故我々は、そうした行為や行為の決定の「よし」「あし」について議論が可能であるものと前提して分析を進めることになる。このことが意味するのは、我々が分析を進めるのは、二つの面からであるということである。すなわち一方では、一つの行為を生む態度やスタンスにはどのような因子が含まれているかという面からであり、また他方では、それらが行為者にどういう態度や選択決定を齎すか、あるいはそれらにどういう圧力を齎すかという面からである。しかし、あるいはこのことについての正しい言い方は、我々は道徳的行為を因果的並びに意味論的な見方を相補的に用いて分析できると仮定して議論を進めるのだ、ということなのかもしれない。

今言ったことをいくらか具体的に言っておこう。我々が行為を考察する手がかりとして考えるのは、一方では、行為者が行為に先立って、例えばその行為にはどんな理由（例えば義務）があると考えたのか、また行為者はどんな状況にあると考えていたのか、また更には行為はどういう形のものであると思われていたのか、行為者はどんな性格の者であるのか、というようなことの理解であることになる。他方で、分析の手がかりは、行為者にどんな態度が生じたのか、あるいはどういう圧力が態度にかかってきているのかというようなことの理解であろう。これは、倫理的な事柄は更に分析できるという要請であるが、その分析は必ずしも因果的な分析であるとは限らない。ここでは、意味的な分析をも含めて考えている。それ故、上記の言明は少し歯切れの悪いものとなっていよう。けれども、道徳ないし倫理的な事柄の分析が、因果論的な分析に還元されるとは考えられない。

我々は、彼または彼女がある心的状態にあるとき、かくかくの事柄をなし、しかじかの振る舞いをするのは、意味があることと見うる（理解できる）というふうに考える。そして我々はまた、ある行為は理解できないというふうに考える。それが我々の立場である。これはもちろん、ふつう我々皆が行っていることである。ただ我々は、これを倫理的知識の考察の基本的前提とすると宣言しているのである。つまり、我々の立場は、そういう見解を基本的に仮定してよいのだ、ということにある。「意味がある・理解ができる」ということは、「合理的」であると見うるということである。しかしこういう「合理性」の次元は、物理的自然的な次元の合理性ではない。倫理的な規則は、自然法則のように観察できる現象の事態を記述するものではない。心的な状態と、それに結び付けられる行動や態度、振る舞いなどとの関係は、因果関係だけでは記述できないであろう。という意味は、まず第一に、心的状態は直接に観察できるものではないことにある。それをさらに言えば、物理的な意味で存在するかどうかも疑わしい。倫理的な事柄の考察される次元は、主としていわば論理的な次元であろう。思うに、心的状態を物理的状態との類比で考えるのは、基本的に誤っているのかもしれない。善悪正邪は物理的な性質ではない。倫理的な事柄の分析に関して我々の行っている仮定は、行為やその他の倫理的な事柄に対する分析において「合理性」の概念を用いてよいのだという主張に他ならない。しかし倫理学の分野は、状態記述ということにあるのではなく規範性の次元にある。たしかに、倫理的な事柄の考察の現象面は、行為や振る舞いや態度である。しかし、倫理的な事柄はそこには見出されない。そこを通じて想定されるものである。それ故、心の状態を知ることは、直ちに倫理的知識を得ることにはならない。なぜなら心の状態は記述的な性質のものであり、規範性を持つものではないからである。規範的内容の意識を持っている場合でも、心の状態は記述されているだけであり、それがその当の意識の持ち主の規範的な考えを表しているかどうかはにわかに決めがたい。

2　以上の議論のいくらかの応用

ここで我々のアプローチの効用の一つを述べておきたい。それはまず、道徳論ないし倫理理論の分類に関してのものである。

ある行為をなすべきだと考える理由として、例えば義務または禁止というようなことを置くならば、そのとき議論はいわば義務論的なものとなろう。その義務が超越的な価値に基づくものであるか、または世界内在的な価値に基づくものであるかによって倫理説をある程度都合よくさらに区分できる。と言うのは、最近の主要な倫理説は義務論型か、結果論型（目的論型）かだというふうに言ってよいかもしれないが、行為を行為に先立つ因子から考える視点から見れば、超越的な価値を前提する立場としては、例えばカントのような義務論型の倫理説がそれであると言えようからであり、世界内在的な価値に基づいて行為する義務の発生を認めるのは一種の結果論的倫理であるが、そのなかでも地上的な価値尊重の最も著しいものは功利主義であろうからである。

いわゆる義務論型の倫理説は、どこから倫理的原理を持ち出せるのか。義務論型の倫理理論は、行為の正当化や基礎づけは容易に行いうる理論であろうが、無限遡行に陥ることなしに自らの立場そのものをどのように正当化しうるであろうか。我々は「神」に頼るべきなのであろうか。あるいは「自然法」的な倫理原理を想定すべきなのであろうか。しかし、自然法的な倫理理論とは畢竟何か。それは神に基づくものでなければ（自然法的な倫理説については、ロックの説を想起せよ）、カントのように超越的な理性に基づくものでないであろうか。

他方、結果主義的な倫理説は、如何にして自己の立場を正当化するか。十九世紀の社会的・政治的な問題を抱えた哲学者たちは、公共的な道徳哲学を求め、行政における公共的な公正さ、人間の扱いにおける平等を基礎づける倫理的原理を求めた。そのための社会制度の評価をする原理が功利主義の原理であった。法律は、社会的な公共の善に役立つ限りにおいてのみ正当とされる。社会の一般的善を増進する規則のみを我々は推し進めるべきであり、こうした機能を持たない規則は、たとえ人々の良心に深く刻まれている規則であろうとも、贋物であることになる。

この立場は、なすべきことの決定を正当化しうる構造を持っており、ある種の義務論には痛棒を加えるものであろう。空虚な議論の命ずる、形ばかりの倫理的行為は、倫理的行為と言えるかどうか（それは偽善であろう）問題があるばかりでなく、社会に災厄をもたらすことがあるのは明らかである。しかし、他面、結果論は問題を含む。ここでそれを詳しく論ずることはしないが、二点だけ述べておくことにしたい。いずれも目新しい論点ではないが、議論を先に進めるための階梯である。

第一は、功利主義が公平な公共的善とするものは何であろうか、という問題である。人の幸福といっても、幸福とは何かということには人それぞれの考えがあることは誰でも知っている。欲望の満足が幸福であろうか。しかし、欲望がどんな形を取るかは、それ自体社会の倫理的な考え、ないしエートスによって異なるものとなる。例えば、当の社会でどんなことが評価の対象となるかを考えてみよ。

当の社会で名誉と賛美の対象となるのは、その社会で生きている考え方を背景にしているであろう。更に言えば、幸福とは何かに対する答は、百人百様である。第二点は、功利主義は本来は現実的であることを目指して提唱された説であるが、ある場合には、実際的ではないという皮肉である。つまり、仮に幸福というものが均質化されうるとしても（この仮定自体が疑わしいが）、あらゆる理論的に計算可能な場合に、実際的に計算可能であるとは言えない、という問題である。このことについては例えば、ナップザック問題と言われるものを想起して頂きたい。[1]一万円を持っていると仮定し、その一万円でもってコンビニで自己の欲求を最大に満足させるような買い物の仕方はどのようなものであるか、という計算を考えてみよ。何時間を要するか。

結果論ないし目的論型の道徳論一般について論評するとすれば、ある目的ないし結果が我々の到達すべき目的ないし結果であるということを正当化するのは常に非常に難しい、と言わざるをえない。この問題が功利主義の目指す幸福などについてどういう形を取るかは今述べたところであるが、例えば行為の目標として理想国ないし理想的な社会を想定するとしても、そこで提示されている社会ないし個人の状態が、いかなる意味で理想として追求されるべきものと言えるのか、常に問題を醸すであろう。

最近の倫理学において顕著な立場にある以上二つの立場に、我々はそれぞれ大きな困難を見出した。我々はどうすればよいか。言うまでもなく、我々は以上の二つの立場にそれぞれ問題があるからといって、それらを単に退けようとしているのではない。それらの道徳論だけでは十分ではないと言っているのである。我々は、それら両者の要素を共に取り入れることを目指すであろう。しかしその両者を取り入れれば十分であろうか。

ここに、最近の倫理学において陽の当たる場所に置かれ始めた、第三の立場がある。それは徳論的倫理説（virtue ethics）である。超越的なものに頼らずに道徳論を立て、また結果主義の齎す不自然な帰結を避けるとき、議論の基礎となりうるものは「徳」の概念を措いて他にあろうか。この考えは、アンスコム（Anscombe）により提唱された。(2)

アンスコムはこの論文において、法学的発想に類似したそれまでの倫理学を不備であるとし、シジウィック以後の倫理学をばっさり切り捨てている。(3)ただし、二十世紀の倫理学の流れについて、こういう見方をとらない倫理学史的考察もある。しかしそこでの議論も、心理学的考察の必要性は認めて議論を終わっている。

「徳」論に立つ倫理学的考察は、近世においては長い間顧られなかったが、最近とみに注目を浴びている。(4)道徳や倫理の問題には、一般的な扱いでは処理できず個々の具体例に即してしか考察しえない問題が多々ある、という現実が、この情勢を導いたとも考えられる。実際、法律や規則で処理できないケースには、心理学的な考慮が大きくものを言う場合が多い。つまり人によって選択が異なるということが十分考えられる事例が多く存在する。それ故、哲学的心理学が必要であるとされる。

もちろん、「徳」とは何かについては、いろいろな議論と立場がありうるであろう。実際、「徳」や「性格」は、学問的な扱いになかなか馴染みがたいところがある。例えば、文化が異なれば「徳」も異なる。それゆえ、「徳」や性格を扱うのは、これまで哲学者よりも文学者の得意とするところであった。カントでは、「徳論」は倫理学の中ではっきり二次的な地位に置かれている。

しかし、これらの点については後に論ずることにし、ここでは次のことに注意を引いておきたい。すなわち、徳論的倫理説は行為の与件として行為者の性格を重視するものであること、それは我々の上記分析方針に悖るものではないこと、に。言うまでもなく徳論的倫理説は、人間の持つ性格を明らかにし有徳・不徳とはいかなるものかを見ることを、その基本的な課題とするものである。そして徳論的な倫理ないし道徳では、我々の行動規範は、「最も有徳な人の為すであろうごとく判断し行為するごとく、判断し行為せよ」、ということになろう。「徳論的倫理」は倫理的行為を現世的なものの中に見るが、しかしそれは、功利主義のようにそれを社会の中にのみ見るのではなく行為者主体の中にも見る立場である、と言ってもよいであろう。ここで更に「徳論的倫理学」の見地を推進する理由を付け足すことができる。それは倫理的問題を扱うのに、功利主義のように行為主体の問題を等閑に付すのは不当である、ということである。徳論的倫理学の指導的な思想家であると一般に目されているのは、もちろんアリストテレスである。

かくして倫理問題の分析に際しては、大雑把に言えば、我々が採る立場には上記の三つのアプローチがあることになる。我々は、そのいずれをも排除しないが、またそのいずれをも自足的な説明を与えうるものとは考えない。それゆえ我々の倫理問題の分析は、以上の三つを含むものであることとなる。すなわち、我々は、義務とは何か、その行為が齎す結果はいかなるものか、そして行為者の肯定されるべき特性（徳）、否定されるべき特性（不徳ないし悪徳）はいかなるものかというこれら三つの面から、倫理の問題を吟味することとなる。

3　付加的なコメントとこれからの道筋

さてこの章を終わるに当たり、以上1、2節において述べた倫理的知識への要請について、いくつかの説明を付加しておきたい。まず人間本性ということの理解であるが、思想史をひもとけば、「人間本性」がいかなるものかについて思想家の間で意見の一致があるとは言いがたいことは明らかである。[(5)]以下では、過去の思想家の意見のどれが正しいかとか、またはどれが正しそうかという吟味に入ることなく、次の方針で議論を進める。すなわち、人間本性とはどのようなものであるかについては、現在の科学的知見に合理的な理由なしに背馳しないということを条件とする。少なくとも科学的な知見を無視しないことを我々は探究の条件とする。もちろん、現在の科学的知見が絶対的に正しいという保証はない。むしろ科学的知識は、それが科学的知識であるからには仮説的であり改定される可能性を常に含んでいよう。しかし、現在のところでは最も妥当とされる知見に理由なしに反対するのは非合理である。人間本性の問題については次のように考えておこう。人間本性の内容が具体的にどういうものであるかについてはなお議論はこれから定まるべきものであるとしても、もし人間本性という概念を認めてよいのだとすると、それは人間理解の幹である、と。人間本性を木にたとえて言えば、それが一般に幹において普遍的であり、枝葉においてのみ異なるのだとすれば、我々の道徳も幹においては普遍的でありうるが、枝葉において異なるだけだと、言いうるかもしれない。

もちろんこう言っても、倫理学の問題が科学に還元されるという主張を我々はしているのではない。また、進化論や遺伝学、人間本性とは何かを完全に教えてくれるはずだという主張をするものではない。いわんや進化論や遺伝学から、倫理的な知見が演繹できると言うものでもない。科学的な知見は事実に関する知見であり、そこから規範的な知見は演繹できない。けれども、科学的な知見に目を塞ぐのは、建設的な態度ではないであろう。特に大脳生理学は、人間の理性と感性の機能に関して、近世的な発想を揺るがすような重大な事実を告げているように思われる。これは、最近の大脳生理学の理論面における発展があるというだけのことでなく、そうした発展を促したもっと固い事実の発見と再解釈があるという意味である。それがいかなるものであるかは後に述べる。

人間の心的能力のなかで、理性的なものと感性的なものが持つ役割をどう考えるかで、倫理説に大きな違いが出てくることは、ここで改めて説くまでもないであろう。その違いを悟るには、アリストテレスにおける自然主義的倫理説と理性主義者カントの義務論とを対比させ、またカントの義務論と功利主義の議論における理性の働きの相違を思いだせば十分である。しかるに、最近の大脳生理学は、人間の判断における感性と理性の役割についてこれまでの通念を覆す発見をし、感性の優位を指摘したのである。

第二章 「自然的」から「道徳的」へ（道徳規範の地位）

1 自然的存在から道徳的存在へ

最初この宇宙ないし地球に生命はなく、やがてそこに生命が生じ、その中で人間も出現したというふうに我々がこの世界を理解するなら、人間は自然的な発展（進化）をしているうちに道徳性というものを身につけた、と我々は考えざるをえない。おそらくそのようにして人間は、単なる自然的存在から道徳的存在へと移行したのである。つまり、「最初に道徳ありき」というのではなく、いつか人間は道徳的になったのである。それゆえ、道徳的であることがよいことだという意識のもとに道徳的な行為が始まったのではなく、そういう意識は後で生じたのである。つまり、自己の住む社会集団のなかで、「よき」行動とされるものについての反省的な意識から道徳性の意識ないし自覚が生じたのであろう。人間が「よし」と見る行為は道徳性の産物だと言ってもよいが、道徳性の意識はそうした行為を反省的に意識することによって生じ、かつ進展したと思われる。誰かが最初に意識的に道徳的行為を行なった、というものではない。もちろん、ヒュームの道徳論を意識して言えば、そうした道徳行為はなんらかの意味で「快」に結びついており、また、その理由は、そうした行為が自己または社会に利益をもたらすからだ、とは言ってもよいであろう。

このようにして人間は単なる自然的存在から道徳的存在へと移行したとすると、この移行は多分に偶然的なことであり、逆に言えば、人間には道徳的な存在にならなかった可能性、あるいは別の種類の道徳性を備える存在となったという可能性もあった、ということになろう。道徳的であること、例えば他者を助け救うこと、それもある場合には自己の身の危険を冒してもそういう行動に出ること、そういうことに価値を見出し、しかもそれで自然淘汰を生きのびたということが、我々人間を道徳的であらしめたのであろう。

しかし、こうしたことについては推測以上のことは言えないであろうから、その成り行きについて具体的な証拠もなしにあまり議論をしても始まらない。とにかく、我々が道徳的であるのは、かなり偶然的な状況の結果ではある。我々は最初から道徳的であったのではない。ではあろうがしかし、我々は道徳的であることをよしとして現在存在しているのである。それゆえ、現在においてはそこから我々の議論を始めるより他にない。

けれどもこういう想定が含んでいることの意味には、注意する必要がある。特に、我々が現在、我々の漠然と了解しているような意味で道徳的であるのは非必然的なことであったということは、案外重大であるのではないか。と言うのは、このことが含意することの一つは、人間は群棲動物に成らなかったかもしれないし、また成っても（現に成っているが）、人間もハチやアリのような生活規則の社会を構成したかもしれない、ということだからである。社会的集団の中で生活規則が存在するということは、その社会がゆるやかな意味では道徳性を持つということであるが、必ずしもそれは、人間が道徳を語る場合になにがしか意味している「よりよき」生を目指し営為するという意味での道徳性を持つということにはならない。人間は道徳的存在になる必然性はなかったのである。人間は、「快」という意味での「よい生」を目指したかもしれないが、それは必ずしも、我々の言う「道徳的な」快である必然性はなく、そういう方向に進まなかったものであったかもしれないのである。「ある状態がよい」という趣味ないし価値判断は、道徳的判断とは限らず、美的な判断でもあり得た。生き物としての存在に「よい」ものは、道徳的な意味でよいものである必然性はなかったのであり、我々はそうした方向へ向かう必然性もなかったのである。道徳に関し人間のとった方向は、意識的な採択によるものではなかったとしても、道徳的な事柄は本来は美的なことにより近いのか、それとも利害関係により近いのかということは、もちろん問題になりうる。しかし、それも現在のところよく分からない。それが我々の現状であろう。しかし、こういう現状を踏まえて我々は、「人間が道徳的であるのはどういうことか」を問わねばならない。

道徳的であるということは、なんらかの意味で「よき（good）」ことを為す「べき（ought）」であるという考えと結びついていよう。それは、ある「べき」ようにあるとか、なす「べき」ことをなす、ということに関係がある。それゆえ、道徳的であることと極めて密接な関係にある言葉は、「よい」と「べし」である。しかし、これらの言葉もいろいろな文脈で用いられる。今、「べし」についてそのことを言えば、そうした用法の一つは、規則や法に従う「べし」という場合である。規則や法に従うということは、「べし」という観念を基礎にしている。道徳判断において「べし」ということが言えるのは、何らか実践的原理との関係があってのことであるようにも思われる。もっとも、実践原理というほどのものではなくても、例えば、「有徳の人が行為するように行為すべし」という言い方もできるかもしれない。これは徳論的倫理学で用いられる用語法である。(1) もちろんこの場合は、原理と言うほどのものが明示されているわけではない。しかし、今はそうした問題の細部に立ち入ることを目的としていない。ここでは要するに道徳は、何らかの基準というもの抜きでは考えられないということを指摘したかっただけである。

そうした原理や基準と判断との関係がどのようなものであるにせよ(例えばそれは、論理的関係であるかもしれないし、または判断の理由と判断との間の意味的な関係であるかもしれない)、何らかの原理ないし規則があってこそ道徳的判断はなされうるのだとすると、そのような原理とはいかなるものであるかが問われるであろう。そうした場合、その原理が具体的にどんなものであるかという問いには、にわかには答られない(それに答えるのが規範倫理の課題ではあるが)であろうが、その地位、身分についてはは具体的な規範の確定に先立ってある程度論じうるであろう。それゆえ先ず問うてみたい。それは経験的ないし自然的な根拠を持つものか、それともアプリオリな根拠を持つものなのか、と。

社会性を持たない道徳というものは考えられない。しかし、道徳とは、単に社会がその社会的な力で社会の構成員に押しつける法に過ぎない、とも我々は考えていない。けれども道徳は社会が強いるものではある。今試みに、現在の我々人間社会が、その構成員に道徳性を付与していく機構を考えてみよう。人間の子供がオオカミに育てられた場合、その子は人間の普通持つ道徳を身につけるとは考えられない（昔こうした実例があったように思う）。それゆえ人間の社会性や道徳性は、人間社会の中で育てられることにより、人間が身につけるものであろう。このことは誰しも認めることであろう。

さて人間が進化の何らかの段階で道徳性を意識するようになったということを事実として認めた上で、現在の我々人類が一般にどのようにして道徳性を身につけるかということを反省してみると、それは先ず普通には親から躾けられることによる。躾が成功する場合とは、子供が親が望んでいるような仕方で反応する場合である（反発する場合ももちろんあろう）。子供は、自分を親の立場において、仮に自分が親であったらどうするかを思い描くという形で、自分が親を喜ばす行動をとるようになる。こうしてフロイド流の「超自我」が発達する。これを子供の側から言えば、これは道徳的要求を内在化させることである。もちろん、この道徳的要求は、実際に親が子供に課す要求と同じものだということには必ずしもならない。というのは、この「超自我」は、子供の想定ないし理想化した親だからである。とにかくこうして子供たちは、道徳性の原理を自己に内在化していくのだとしよう。この場合、道徳性や道徳法はかなり人為的なものであるということになる[2]（cf. Blackburn）。

道徳性はこうして社会的な力を持つ、と考えられよう。というのも、社会は、親を通じて子供に作用し、子供にある道徳法を植えつけるからである。子供は、自分が何らかの意味で理想化した親、ないしはとにかく自分が造り上げた親のイメージに対応した形で、超自我を形成し、道徳法を内化する。こうしてでき上がる道徳法は、多分に歴史的であり、社会に相対的である。社会はこうした道徳法に従って、それなりにうまく機能するでもあろう。例えば、人が誠実で約束を守り、盗みは働かず、人を殺さない社会は、うまく機能しているといえる。

こういう道徳法は、実際にはもっと複雑であろうが、そうしたものはなにも理性の要求だけから出たものである必要はない。少なくともそれはカント的な理性から出たものである必要はない。もっとも、社会が永続するために、社会の道徳法が持つべき要件というものはあるかもしれないが、それら要件が理性からのみ出たものであるということを少なくとも不可欠とはしない。

けれども社会が個人に強制する法と、道徳法とは必ずしも一致しないのが現実であるようにも思われる。社会の殆どの構成員が正しいと信じて他人に強いることと、本当に正しいこととが、明らかな軋轢を生むことがしばしばあるのを我々は否定できない。この相克の事実を我々はいかに受け止めるべきであろうか。カントのような理性主義者なら、ここで理性を引き合いに出して、道徳の普遍性や客観性を理性という基礎に据えるであろう。しかしカントのような純粋理性は、果たしてそういう基礎付けの役を果たしうる観念として認められるであろうか。我々は論理的推論の能力を認めることができるとしても、それと理性主義者の言う理性とは同じものであろうか。我々は、人間が理性を持つということを否定しない。我々は実際、ある時自分の下した道徳的判断に対して、後に学習ないし反省し、次の機会には改良しうる。それは我々が理性を持つということを意味しよう。しかし我々がそうした理性を持つということは、我々が純粋理性という一つの別個な能力を持つということとは同じではない。我々の知性的能力の中から推論能力を理論的に抽象することはできようし、推論能力を主として働かせれば十分という場合もあるが、知的能力を用いて判断するほとんどの場合、我々は、現在の大脳生理学者が指摘するように、例えば「感ずる」ということを不可欠に伴って考えているのかもしれない。さらに言えば、人間が理性を持つという命題は、むしろ人間は相互に理解し合えるという事実を説明するために、事後的に造り上げられたものかもしれない。理性といわれるものは、良識（ボンサンス）というほどのものではないであろうか。それは「よき」方向へ向かっている、ということでしかないのではないか。もしそうだとすると、理性による基礎付けという方策は循環論を含み、それほど強固ではないのかもしれない。というのは、何を以てそれを「良」（ボン）と言うのか、といつも問い返されるであろうからである。

けれども理性概念のような普遍性を付与する能力を我々が持つことなしに我々は、判断や知識にいかにして普遍性を与えうるのか、とも反論されよう。もちろん我々は、人間の深い相互理解が簡単にできることだとも思わないが、人間が相互に理解しうるということを否定しようと思うものでもない。しかも、我々は相互理解を実際ある程度なしえているのではないか。そして、それ故に我々の言語が成立しているというふうに考えられているのではないか。そうだとすると、事柄はむしろ逆であって、我々は理性を持つ故に相互理解ができるというのは本来の言い方ではなく、相互理解が成り立つということ、また普遍的な知識がありうるということを言うためにこそ、我々は理性という能力を持つと言ってきたのではないか。そして、もしそうだとすると我々が議論を起こすのは、理性から出発することによるのでなく、むしろ順序を逆にして、人間は相互に理解し合えるという事実から出発すべきであり、その事態の分析の一環として人間の理性や道徳性を理解すべきではないであろうか。そうだとすると我々の道徳はカント的な意味でアプリオリでないことは言うまでもない。しかし我々の道徳は、それが我々の人間本性に即応する面があるという限りにおいて、そして人間本性という概念が成立する限りにおいて、普遍的で必然的な側面を持つであろう。

我々は後章で、そういう理性理解と道徳性理解との試みを行ってみるつもりである。そしてそれは、人間本性の普遍性と個人の個別性の両立を理解するという形でのものでなければならない。と言うのも、個人としての人間は人間本性という普遍性と同時に個性という個別性を持ち、また人間の道徳性も現実に社会に相対的（社会文化依存的で特殊的）であると同時にまた普遍的であるという性質を持つものだからである。道徳の普遍性を言うためには、人間には人間本性という普遍的な性質があると言えねばならないであろう。実際のところ、人間本性に普遍性があるということの可能性は、ある程度予想できる。なぜなら、人間が犬やチンパンジーと違った生き物であると言えるのなら、少なくともその限りで、人間には人間本性、犬には犬の本性を認めうるであろうからである。もちろん、この議論も手放しで主張できるとは思わない。それは何らかの弁明を必要とするであろう（第四章参照）。しかし、もしそうした弁明が可能なら、我々は道徳性の確立を人間本性を基礎とした議論によって果たすことは無理だとしても、道徳性を人間本性にいくらか関係づけて、つまり人間本性ということの成立ということの理解の一環として理解することができよう。そしてその範囲では、つまりそうした理解と相対的になら、人間の道徳性は、単なる非必然的なものではなく、客観性と普遍性とを持ちうることになろう。

これに反し、もし人間の道徳法が、全く非必然的な事情で成立した超自我であり、そういう意味での人為的なものであるに過ぎないとすると、そうした道徳法は、社会にとって有益な虚構であるかもしれないが服装のように脱いだり着たりできる見せかけのものだ、ということになる。その場合、その道徳すなわち超自我が、ある社会において社会の構成員に一定の反応や行為をさせるという機能を持つ限り、その超自我の内容はどんなものであってもよい、ということになろう。そうすると、なぜ人間は道徳的であるのか、または道徳的でなくてはならないか、と問われた場合、道徳の根拠は有用性以外にないことになる。しかし、それればかりではない。この場合にはさらに困った事態が起こりうる。なぜなら、社会がそれぞれ異なり、それぞれの社会の道徳性が異なるとすると、我々は他の社会の人の行為を非難したり賞賛したりすることはできなくなるかもしれないからである。

我々は、以下でこうした問題を論ずるに当たり、最近の科学的知見、特に進化論的心理学や大脳神経学の知見に訴えることになるであろう(3)。しかしそうした科学的知見は、道徳論と直ちに繋がるものではない。その理由は、科学的な認識と、道徳的な判断とは、たとえ同じ状況について論じていても、異なった側面を取り上げるのだから、ということにある。「事実認識」と「規範認識」または「価値的判断」との間には溝があると言わねばならない。そのことについていくらか論じておきたい。

2　自然的なことと道徳的なこととの差異

進化論的倫理学と人間の倫理学との間には、越えがたい溝があるように思われる。そのことを言うために次のようなことを考えてみよう。

人間も含めて生物は、何らかの能力ないし意図を持っていると見てよいであろう。これら能力ないし意図は、さまざまな方向に向けられる。そうした随意的な行動は、目的論的な考察によって説明できるだけでなしに、因果的ないしは機械論的にも記述できるであろう。それゆえ、ここで生物学的な法則という場合、それは目的論的な法則のことだけを意味しているのではない。私は、意識的過程は機械論的に、あるいは生理学的に説明できないのだ、と言わねばならない理由を残念ながら見いだせない。もちろんこれは、実際に、そうした説明が既に完成しているという意味ではない。原理上そうした説明の可能性を否定できないという意味である。しかしこの譲歩は、かなりな譲歩である。というのも、それは、倫理学が対象とするものは意図的な行為であるとしても、その行為は自由意志に基づくものではないという主張に繋がりうるものだからである。しかし、私はこの点を支持したいわけではない。むしろ私は、自律つまり自分が選択し決断できるということがなければ、真の意味での道徳は成立しないと考える。それゆえ私は、昆虫が真に道徳を持っているとは考えない。しかし私の現在の論点はそこにはない。

私の論点は、生物学的考察が機械論的であるにせよ目的論的であるにせよ、そうした考察による意識現象の説明は「後から見ての」説明であり、しかも事実認識であって、「べし」を含意するものではない、ということにある。しかし自然科学的認識が「べし」を含まないとすると、進化論的倫理学というのは、形容矛盾を含むことになる。でないとすれば、それはいったい何を意味するのか。生物学ないし進化論の記述する事実や説明は「べし」を含意しないのに、もし進化論や生物学が倫理学的な含みを持つとすれば、すくなくともある「事実認識」は、「価値認識」ないし「規範の認識」を含意し得るということが言えなくてはならないであろう。それは可能であろうか。

人間の事実的な反応が、価値判断を含む場合があれば、それは「事実認識」が「価値認識」を含む場合だと言えるかもしれない。そして進化論的倫理学や社会生物学の主張はそのような性質のものだと言えるかもしれない。そうした主張に最も近そうなのは、ヒドニズムやエモーティヴィズムの立場である。それは「よし」「あし」は、判定者の主観的意識事実で定まるとしている。しかし科学としての心理学や生物学が、あるいはまた社会学が、仮にそうした「厚み」のある事実、つまり事実と価値とが分かち難く結びつき融合している事実を取り扱うのだとしても、それはそういう事実を「事実」として取り上げるのであって、その事実が含む価値を「価値」として取り上げるのではない。つまりそうした科学者は、科学的なリサーチをしている場合、そうした価値を自己の行動の原理の問題として取り上げているのではない。彼はヒドニズムなりエモーティヴィズムの立場なりに立って、そういう「厚み」のある事実を取り扱っているのではないのである。

「よい」という感覚ないし感じが「認識」といえるものかどうかは、ここで論じない。しかし今、仮に百歩譲って、感覚も一種の認識であると認めることにしても、これらの立場には問題がある。というのも、「よい」ということから「べし」は、無媒介に導出できないであろうからである。もちろん、「よい」と感じられていることが、道徳的に実際に「よい」ことである場合はある。しかし、そうでない「よい」感じもまた存在する。例えば、審美的な「よい」はそうであろう。あるいは、我々は次のように言ってもよい。すなわち、ヒューム的な自然的徳に対して我々は本性上「快」を感ずるであろうが、「正義」のごとき人為的徳に対しては、社会的教育を介さないならば、我々は必ずしも「快」は感じない場合があろう、と。さらに付言すれば、「よい」といわれることを為すのは望ましいことであるが、「よい」ことは必ず誰にとっても為すべきことであるとは言えない。自己を犠牲にして多くの人を救うのはよいことであるかもしれないが、だからといって自己犠牲を為せとは、人々に言えないであろう。立派過ぎる行為は、それを為すべきであると言えるかどうか、俄かには断じ難い。

道徳論が人間本性を基本的な概念とする限り、道徳論にとって、進化論的考察が与える人間本性の考察が不要である、というようなことがあるはずはない。なぜなら、人間が生物進化の産物であることは疑えないであろうからである。しかし、進化論的倫理学が、人間本性と道徳の説明にとって、その十分条件をなすと我々が考えるのか、それとも必要条件をなす（つまり倫理学は進化論的に見て可能であると言えるべきものである）と我々が考えるのかによって、進化論的倫理学が倫理学として成立するということの意味は変わるであろう。

もし進化論的な倫理学が成立するとすれば、既に言ったようにその中心概念は、次のことにあろう。すなわち、進化論的倫理学によれば、人間の道徳性は、道徳的な判断に関してであれまた道徳的な行為に関してであれ、適応ということによって説明されるということにあろう。それゆえ、進化論的道徳論によれば、人間の道徳が今のようなものであるのは、進化論的な適応の過程を通じて、そういう道徳が人間の群れを生き延びさせ再生・繁殖させたからであることになる。しかし、生き延び、再生・繁殖のための方策に従うことは、知慮（prudentia）ではあろうが、倫理的な規範に従うことではない。そうした方策が道徳的規範であり得るためには、生き延び、再生・繁殖することが義務だと言えなくてはならない。けれども、もちろんわざわざ生を縮めるのが「よい」ことであるといえないのは明らかだが、「生き延びる」ことが我々の最高の義務であるとは思えない。尊厳死は必ずしも悪いこととは言えないであろうし、また普通の道徳観念から言えば、自己の人生や命を社会のために捧げるのは、我々の義務とは言えないにしても、悪しきことをしていることにはならないであろう。進化論的倫理学は、我々の倫理観念と背馳する。

進化論的倫理学と我々の普通の倫理観念との間には越えがたい溝があることを理解するためには、一つの区別を理解することが必要である。すなわち、我々が現在持つに至っている道徳は、進化論的生物学的に見て、そうした道徳を我々が持つことが説明できる類のものであるということと、我々の道徳は生物学的事実から演繹的に出てくる規範を持つのだということとを、我々は区別することが必要である。ヒュームが社会に有用であるということによって道徳の成立を説明したのは、前者であって後者ではない。我々が現有している道徳は、我々の再生・繁殖にとって有益であるということは我々が示しうるようなものかもしれないが、それが可能であるからと言って、我々が我々の道徳に従ってあることを「なすべし」と思うのは、それが我々の再生・繁殖に役立つことだから（つまりそういうことを意識して為すの）ではないであろう。

実際、進化論的倫理学と人間の倫理学との間には、越えがたい溝がある。というのは、進化論的倫理学が扱わないいくつかの問題のなかには、倫理学が扱わなくてはならない問題がいくつか含まれているからである。その一つは、それが人間の行為における「意図」ないし「意志」の問題である。進化論的生物学やそれに準じた倫理学は、今までの所、こうした問題を取りあげて来なかった。総じて言えば、「個人」というものの意味は、進化論的倫理学の論理の中では消えていくのであり、倫理や道徳の基本問題が消去されてしまっているのである。これはまた、「意志」や「意図」の問題が消去されていることによって、道徳的な「べし」の問題、意志決定の問題が消去されてしまっていることをも意味する。すなわち、「より長く」ではなく「よりよく」生きるための「規範」の問題が、進化論的な倫理からは、消えてしまっているのである。

P・シンガーは、E・O・ウイルソンの社会生物学を批判して次のように言っている(4)（P. Singer:

Ethics and Sociobiology, P. & P. A., vol. 11, no. 1, 1982「社会生物学と倫理」)。すなわち、P・シンガーによれば、ウイルソンの二冊の本は、社会生物学がどんなことができるのかについて次の三つのことを言っていることになる。

（1）それは、倫理的な考えを実践に移す場合の遺伝上の究極的な帰結についての情報を与える。

（2）それは、我々がなぜある倫理的な考えを持っているのかを、それらの考えを我々の進化の歴史に関係づけることによって説明できる。

（3）ある道徳的価値を確立しうる。

これらのうち（1）は、哲学者になんらの影響を及ぼさない、とシンガーは批判する。というのは、哲学者がもし結果主義者なら、行為の齎す結果について、可能な限りの最上の情報を持つ必要を常に自覚しており、もし哲学者が結果論者でなかったら、結果というものにそもそも注意を払わないであろうからである。

（2）に関しては、社会生物学者の主張にいくらかのポイントがある。というのは分析的な倫理学者、ないし哲学者は、我々に共通な道徳的信念の起源についての体系的な研究をこれまでしてこなかったからである。その結果、分析哲学は、大陸の多くの思想家によって、素朴で無批判的であると批判されてきた。社会生物学者たちは、我々に共通な道徳的信念を探究するための視野をさらに付加したと言える。即ち進化論的視野を、である。

しかし、もし我々に共通な道徳的信念が生物学的な基礎を持つことが示されたら、我々は、それら信念を額面通り道徳的探究の出発点として受け入れることについてもう一度考えて見なければならないかもしれない。たとえば、見知らぬ人よりも血族の利益を計る傾向を我々が有することなどに生物学的な基礎があることだとすると、身内への贔屓を道徳的な価値として認めるべきかどうか。もちろん、我々の道徳の基礎となる仁愛の感情が身内や血族に対する仁愛の感情から出たものであることは納得できる。しかし、こうした身内への贔屓はふつう平等主義への反対を意味するであろう。むしろ我々は、ここには現実と理想との食い違いがあると感ずるであろう。見知らぬ人よりも身内や血縁を大切にすることは自然である。それでは、我々は生物学に従い、いかなる場合も他人よりも家族や血族を大事にする方がよいのか。身贔屓は正しいのであろうか。

もちろん、シンガーによるこの批判は、十分な力を持っていない。というのは、自己利益から出発しても、一見したところでは表面的には利他的に見える行為を、思慮に基づいて行なうことはありうるからである。血族や身内への贔屓的な考えから出発しても、身内や血族以外の人にも親切を施すということも、従ってまた可能であろう。もちろん、そうした行動が、真に倫理的と言えるかどうかは別の問題である。けれども、シンガーの批判が当たらないからと言って、それは、ウイルソンの議論が正しいということではないし、いわんやウイルソンの議論が、存在と価値との懸隔をうずめているという結論にはならない。むしろ次のように言うべきではないのか。すなわち、道徳の萌芽となる、他人への仁愛は、そういう形で近親者に対する感情から始まったかもしれないが、真の道徳的な仁愛は、いまやそうした次元を超えるものとなっている、と。

進化論的倫理論に対する批判をさらに拡大できる。すなわち、身内への贔屓というような、ある特定の行動形式に生物学的な基礎が与えられたなら、むしろそれは多数の人々の期待するのと反対の帰結を持つかもしれないのである、と。つまり生物学的説明は、「自然本性的」と言われるような諸原理を正当化するどころか、道徳を否定するものである、と。それは道徳における永遠の真理と思われているものの「仮面を剥ぐ」という形で道徳を否定するものであり、ひょっとすると下司な仕業となる可能性のあるものかもしれないのである。もしそうだとすると、その場合、生物学的な説明を受けうるものが道徳的な価値を持つものだ、という保証はない。とすると、広く信じられている道徳的信念が生物学的な証拠を持つものだということが証明されたとしても、我々はその信念を我々が受け入れるべきかどうか、もう一度議論しなくてはならなくなるであろう。

（3）社会生物学は我々を導いて、人間の生物学的本性に内在する、倫理的な前提に至らしめる、と言う。すなわち、「事実」と「価値」の空隙を満たすことができる、と。

しかし、（3）におけるウイルソンのこの主張は成り立たない。たとえば、「人権」の概念は、すべての人間に共通するものではない。ヨーロッパの限られた人々の作り出した考えではないか。ウイルソンは、言う。

「普遍的な人権と言うものは、第三の基本的な価値である、と見なされてよいかもしれない。この考えは一般的なものではない。それは凡そ、近来のヨーロッパ－アメリカの文明の産物である。私の意見は、それが神の定めた事（王たちは神授の権利によって支配するのが常であった）だからとか、あるいは、よく分からぬ外的な起源を持つ抽象的な原理への服従という事によるのでもなく、我々が哺乳動物であるということを理由に、それに基本的な地位を与えたい、というものである。我々の社会は、哺乳動物のプランを基礎としている。個体（個人）は、人間の再製をまず第一に、そして次に近親の再製を目指して努力している。それ以外に不承不承従っている協同的なことは、利益を得たり仲間をもったりするために出くわした妥協である。合理的なアリは――今暫くアリやその他の社会的動物が高い知性を持つように進化したと想定せよ――そうした協定を生物学的に見て不健全だと思うであろう。そして、個人的自由という考えを本質的に悪しきものだと見るであろう。我々が普遍的な権利を認めるのは、高度に発達した社会では、権力というものが哺乳動物における至上命令を回避するにはあまりにも流動的であるからである。すなわち、不平等が長期にわたって齎す諸帰結は、その至上命令の時々の利益にとってはっきりと危険なことが目に見えるのである。私はこれが普遍的な権利運動の本当の理由である、と思う。その生の生物学的な因果関係の理解は、結局において、文化がそれを強化し賞賛するために考え出すいかなる合理化よりも、もっと強力なのである。(5)」(E. O. Wilson: *On Human Nature*, pp. 198-9.)。

ウイルソンの主張の要点の一つは、普遍的人権という考えが人間の間で人気があるということであり、もう一つは、不平等なシステムの危険を避けるために普遍的人権という考えを取るべきだということにある、とシンガーは受け止める。しかしそのいずれも、人間の普遍的人権に最優位を置くべきだ、という議論にはならない。人気があるということは、それを採択すべき理由にはならない。かつて流行したが今は否定されている色々な考えのことを考えてみればよい。例えば奴隷制度のことを。また後者（危険防止）も、最優位を与える理由を与えない、高々、二次的以下の理由を与えるだけであろう。

ウイルソンの主張は、道徳性とは種々の利益を持ついくつかのグループ間の実用的な妥協に過ぎない、と見ているものではないか。そうすると普遍的な人権も、一つのグループの自己利益によるもの以上ではありえなくなる、とシンガーは断ずる。かくて社会生物学は直ちに倫理学ではあり得ない。進化論的倫理学は恐らく成り立たない。

シンガーは指摘する。すなわち、ウイルソンは一見したところ自然主義者（還元論的）であるように思えるが、実は直観論者ないしは主観主義者、または懐疑論者と見ることもできる、と。しかしウイルソンの議論の中には、主観主義者ないしは懐疑論者の立場についての体系的な議論は全くない、ともシンガーは言う。ウイルソンは理性というものが倫理学でどのような働きをするのかについての古来の議論に答える必要があろう。もちろん完全な道徳的懐疑論など、あまり我々の口に合う代物ではない（道徳性の問題と進化論の問題とを併せた議論として注目すべきものとしては、マッキーの『倫理学』がある）。

我々の道徳が生物学や心理学的な概念を中心に展開されることは、はたして道徳的考察にとって十分な基礎を与え得るものかどうか問題があるが、生物学や心理学が我々に何らかの知見を提供してくれるものと考えうる限り、少なくともそういう概念に言及することは今のところ必要である。けれどもそれ以上のこと、例えば進化論的倫理学が道徳論としての十分条件を備えたものであると言おうとするなら、そのためには、まずそれに先立ち人間の意識や文化がすべて生物学的に説明できるということが言えねばならないであろう。そしてさらに、個々の人間の行為が生ずる必然性を、自然選択の理論によって因果的に説明できなくてはならない。それははたして理論的に可能なことであろうか。

この課題は、問題を道徳的行為の基本的存在である個人の次元で考えても、また社会の次元で考えてみても、いずれも達成できるかどうか可能性は疑わしい。個人の次元について考えてみるなら、例えば人間の意志決定は、誰が誰に対して何をなすかということを含むが、しかしそうした選択の能力と進化論の呈する因果的説明は両立しうるであろうか。これに対して我々は、決定的な答はできないとしても、もし人間に自由選択、ないし理性に基づく選択をなす能力が認められるなら、これまで進化論が行ってきた説明は、そういう問題を対象としていないと言わねばならないのではないか。

さらに言えば、社会現象もそのすべてが適応概念で説明できるとは思えない。例えば、社会の「文化」というものがすべて適応概念で説明できるとは思えない。学問や芸術が創造ということを含むのなら、それは適応概念だけでは説明できるものではないであろう。そうした領域では、決定論は成立しないのではないか。つまり、そうした領域では我々の世界は「開いている」のであろう。

このように見てくると、進化論的倫理学は有益な考察を提出してくれたが、まだ倫理学の問題の全部を解決するという位置には立っていないように思われる。進化論的倫理学と称するものは、人間が生き延びていくためにはどのようなことを考慮しなくてはならないかについて、極めて貴重な知見を提出してくれた。道徳や倫理は、さまざまな知見や、知慮を大切にしなくては現実的ではありえない。例えば進化論的生物学は、利他的であることや相互に平和的であることが生き延びる上で決して悪しき方策ではなく、利己的な遺伝子の方策とも両立しうるものであることを既に示してくれている。それゆえ、利他主義についての社会生物学的な理論は、人間の倫理の起源について何事かを教えるであろう。その中心的な特色について、少なくとも何事かを教えるであろうとは言えよう。しかしながら、それは、知慮の次元の議論ではあっても、道徳的規範の設定の議論ではない。道徳や倫理は、価値規範的な観念を含むものであって、知慮に尽きるものではない。それゆえ、進化論的倫理学は、定義上、まだ倫理学ではないと言わねばならないように思われる。けれども、進化論が齎した知見は極めて重大である。逆説的な言い方となるが、その重大性は次のことの故である。すなわち、その知見のメッセージの含意していることは、人間が文化的であり道徳的であるということは、必ずしも生き延び、再生・繁殖の方策とは一致しないことかもしれない、という警告でもあるからである。あるいはその警告は、人間があまり理想的な観念に基づいて走り出した時に、生物としての人間はその動きに反動を起こすかもしれないということでもあろう。

もちろん、道徳的な行為や決断が必ずしも自己利益あるいは自己の属する群れの利益に繋がらないという事実は、進化論に訴えるまでもない明白な事実である。けれども進化論的倫理学は、もしそれが正しいなら、道徳と生物学の知見とのこの断絶を指摘したところにその最大の重要性を持つのかもしれない。我々は、進化論的生物学の教えるところをどのように受け止めるかを定めた上で、それが許す範囲で道徳性を考察し、道徳的であるように心がけねばならないのではないか。それにはどうすれば良いであろうか。生物学的存在としての人間と、倫理的、文化的な存在としての人間とが、互いに矛盾した場合に、我々はどのように決断し、行為すべきであろうか。単なる生物としてでなく、人間として誇りを持って消えていくのも一つの道である。

第三章　自然的なものと道徳的なことの共存

前章では、ヒューム以来の価値と存在の区別という議論を受けて、自然的なものと道徳的なこととの区別の必要を強調した。本章は、むしろそれと反対に、いわば両者の共存可能性、または論理的両立可能性を示したい。そのための議論として最近ではかなりよく知られた議論であるが、ジョン・メイナード＝スミス（Maynard Smith）やアクセルロッド（R. Axelrod）の議論を紹介しておくことにする。

1　ゲーム理論の教訓

人間の生きざまの複雑さを、ゲーム理論に還元して論ずるのは不当である、と思われよう。しかし、ゲーム理論を、例えば経済学や生物学に適用する場合、実際の生のあらゆる問題をゲーム理論に詰め込もうとしているわけではない。「囚人のディレンマ」というゲーム理論の導入も、社会における集団や、個人の利害が衝突した場合に、どういうことが起こるかを、理想化した状態で扱う試みである。理想化された状況での思考実験は、その結果を現実の状況に戻した場合、実在の世界の問題を解明するかどうか、試してみなくてはならない。モデルが適切に現実の主要な構造を把握していなければ、誤った結論が出てくるのは当然である。

「囚人のディレンマ」という思考実験において、まさにこのことの必要が確認された。この実験結果が最初教えたことは、「裏切り」こそが人生に勝つ手段だ、ということであった。数学者たちは、この結果を否定すべく懸命な努力をした。しかしこのゲームの条件を認めるかぎり、「協力」は非論理的であった。この結果は嫌悪された。というのもその結論は、反‐道徳的であるばかりでなく、社会の実情にも合わない点を持っている、と考えられたからである。人間社会では、幸いまだ協力ということはしばしば行われている。経済活動のように利益の追求を第一義とする活動においても、顧客や、商売仲間から信頼されることは、活動の基礎として大切だとされている。それは非合理的であろうか。

しかし一九六〇年代における「囚人のディレンマ」ゲームのこの結論は、一九七〇年代のある一つの実験によって、ひっくり返されることになる。そこでゲームから新たに引き出される教訓は、「利己主義は、結局、合理的なことではない」というものであった。ただしそのためには、ゲームが一回以上なされるという条件がつく（たとえば相手が全滅すればゲームは続かない）。このことは実は、このゲームが発明されたときに気づかれていたが、その後忘れられてしまっていたのであった。

一九七〇年代の初めの頃、ジョン・メイナード＝スミス（Maynard Smith）は、それまでこの「囚人のディレンマ」というものを知らなかったが、生物学も経済学と同じようにゲーム理論を用いれば益があるのではないか、と考えて、次のように論じた。(1) 合理的な個人は、いかなる状況が起ころうとも損害が最小にとどまるようにするためには、ゲーム理論の教えを採択すべきであるように、自然淘汰も、同じような戦略で本能的に行動するように、生き物をデザインするはずである、と。彼の出した最初の例は、「鷹」と「鳩」を用い、動物はなぜ一般に、死に至るまで戦わないか、を論じたものであった。

メイナード＝スミスの議論は、初めのうちは経済学者の無視するところであったようであるが、一九七〇年代の後半に情勢が変わってくる。というのは、コンピュータを「囚人のディレンマ」ゲームに用いたところ、この冷徹で合理的な機械が、「愚かで、ナイーヴな人間」と同じく、協力しようとすることに強い関心を示す、ということが分かってきたのである。これが引き金となって、ロバート・アクセルロッド（Robert Axelrod）は、「協力」の論理を探究する、一つのトーナメントを設定した。その結果わかったことは、ゲームに勝つための最良の方策は、「やられたらやり返す」（Tit for Tat）という戦略だ、ということであった。核戦略に興味を持っていた政治科学者アナトール・ラポポルト（Anatol Rapoport）が提出した戦略がそれである。これは、まず、なんであれ協力から始め、そしてその後は、相手が最後にした手をこちらはする、という方策である。これは、メイナード＝スミスの「仕返し屋」というものと、実質は同じである、と言われている。

アクセルロッドは、「やられたらやり返す」戦略に勝てる戦略のトーナメントを試みたが、えられた結果は、「やられたらやり返す」それ自体であった。アクセルロッドが次に試みたトーナメントは、もろもろの戦略を互いに戦わせて、いわば生き残り競争をさせるものである。進化を推し進める力である自然淘汰は、簡単にコンピュータのうえにシミュレート出来る。注目すべきことは、最初は汚い戦略の方が、素朴で好ましい戦略を食い物にしていくことであり、そのときは、「やられたらやり返す」戦略だけがそれに対抗できる。だがそのうちに、「汚い戦略」を使うものは、お人好しを食いつくしてしまい、汚い戦略を使うもの同士が対戦するようになり、そして、汚い戦略を使うものもその数を減少させてしまう。今度は「やられたらやり返す」が力をえてくる。そして、最後には、もう一度戦場を支配するに至る。

アクセルロッドは、この結果は生物学者の興味を引くのではないかと考えて、ミシガン大学での同僚ウイリアム・ハミルトン（Wiliam Hamilton）に知らせた。ハミルトンは、このことと、十年前の若い大学院生であったロバート・トリバース（Robert Trivers）の提出していた結果との一致に、たちまち衝撃を受けた。トリバースは、動物も人間も、通常は自己利益に駆り立てられて行動する、と仮定したが、しかし動物も人間も、しばしば協力することを観察せざるをえない。そこで彼は論じて、自己利益に基づいて行動する動物や人間が協力するのは、「相互関係」（reciprocity）の故である、としていた。アクセルロッドは、ハミルトンと共同で、『協力関係の進化』（The Evolution of Cooporation）という論文を書き、生物学者たちに「やられたらやり返す」戦略への注意を引いた。

これが引き金となって、やがてコンピュータではなく、実際の動物においてこのことを確かめようという機運が急速に広がった。一九八三年に、コスタリカから帰ってきた生物学者ジェラルド・ウィルキンソン（Gerald Wilkinson）は、このような協力関係について、少しぞっとする話を持ち帰ってきた。彼は、吸血蝙蝠を研究した。この蝙蝠は、今すぐに自分が必要とする以上の血を吸って帰ってきたときには、そうした剰余の血を吐き戻して、仲間に与えるという寛容な行為をするのである。蝙蝠たちは、「囚人のディレンマ」と同じ状況にあることに注意して欲しい。食べ物を相互に分け与える蝙蝠は、分け与えない蝙蝠よりもうまくやっていける。しかし、一番よくやっている蝙蝠は、自分は食い物を与えないで、貰うだけの蝙蝠であり、与えるばかりで貰うことのない蝙蝠は最悪であろう。(2) 事実はどうであろうか。

蝙蝠たちは、何年も同じところに棲んでいるので、互いによく知っている。それゆえ、彼らは同じゲームを繰り返して行う機会を持つ。加えて、これら蝙蝠は、互いに極めて近くに棲むというわけではない。つまりネポティズムはこの相互扶助の説明にはならない。そこでウィルキンソンは、ここで「やられたらやり返す」戦略が行われているのを見いだした。過去において血を分け与えた蝙蝠は、分け前を貰ったその蝙蝠からお返しを貰うであろう。分け与えること拒んだものは、分け与えを拒まれるであろう。

動物が愛他的であるということを示すと思われる生物学的な証拠をここで列挙することは控えるが、マット・リドレイ（Matt Ridley）は、「相互性」は我々の本性ないし本能ではないかと言っている。[3]そうであるかもしれないし、そうでないかもしれない。しかし、相互性が各種の動物についてかなり広く見られる性質であることは、確かであるように思われる。そして我々は、大体において、自分の相手について、当の相手は礼には礼を持って応え、暴には暴を持って応える存在であることを確信するための、何らかの手続きをとっていることも確かである。もちろん、個々の人間について言えば、この点で軽率な人もあれば、慎重に過ぎる人もあろうが、我々の人生は、そうしたことの例には事欠かない。

ただし相互性は、それだけでは必ずしも、道徳的な性状の成立に結びつかない。リドレイは、第一次大戦の、これもまた些か暗い例を引いて、両軍が、一方が大砲を撃ち出すと撃ち合いになり、撃ち出さないと撃ち合わない、或いはすくなくとも本気になっての撃ち合いは起こらなかった、と述べている。[4]相互性は、助け合いにも、殺し合いにもなる。動物や人間が相互性という行動枠を持っているという事実は、直ちに道徳性の成立を帰結するものではないことは、他のもっと重大な理由からも言える。すなわち、そこに見られる利他的な行為は、単なる深慮、ないし知慮に過ぎないかもしれないのである。しかしゲーム理論の教えるところは、善意の人、他人への寛仁の心を持ちそれに基づいて行動することのできる人も、その人がある程度の知慮を持ちそして他人の加害に対しては断固反撃する力を持つならば、必ずしも心悪しき人々の犠牲になって滅びてしまうものではないことを示しているのではなかろうか。つまり、道徳的な生は、必ずしも自己絶滅への戦略ではないのではないか。

しかしそれにしても人間は、計算に基づく利他行為をするだけでなく、本物の道徳性を持ちうるであろうか。この点を明らかにする必要がある。我々は次章で、一般の動物はいざ知らず、すくなくとも我々人間には、いわば道徳的な感情というものが自然本性的な形で存在し、いわば非合理的なともいえるものである道徳的行為を我々になさしめるのだ、と考えうることを示そう（本節は、Ridley［1996］に多くを負う）。

以上の議論は、人間が全くの利己主義者であるというモデルでのものである。全くの利己主義から出発しても、人のために尽くすことが結局自己の利益であるという結論が、そこから出ている。この利他主義はもちろん道徳的というよりも知慮に基づくものである。しかしながら、ここでの議論が示した重要な事柄は、利己的であることは、利他的に振る舞うということを必ずしも妨げないということであろう。このことは利己的な人間が道徳的でありうることを示唆するのではなかろうか。もちろん人間本性が本当に利己的であるに過ぎないのかどうかは、別の問題である。(5) けれども、この議論が示したことは、利己的な存在であっても、様々な反省と思慮を深めれば、利他的であり道徳的であるようになりうる可能性があることではないであろうか。そうだとすればこの議論は、人間が自然的な存在から道徳的存在に進化発展したという可能性を示していることになる。もちろんこれは、そういう発展進化が唯一の発展進化の方向であるということではない。

さて、人間本性は本当はいかなるものであるか。これについては古来もろもろの哲学者が様々な説を出しているのであるが、諸々、様々な説があるということは、真理は定まっていないということでもあろう。人間が初めから道徳的であったという考えは、人間が進化してきた過程を考えれば本当らしくない。しかし、人間が人間であるようになったときにどのような性質（人間本性）を持つようになっていたかについて、いくつかのモデルを想定して論じてみるのは無駄ではないであろう。この節で述べた議論は、人間が利己的であるというホッブズ的な仮定をして、その中での利他的行為の存在可能性を論じたものであった。次にそれよりも少し人間を好意的にみたヒュームの立場に触れてみよう。

2　ヒューム的な人間像

ヒュームはホッブズよりも人間を少し好ましい存在であると仮定した。おそらくヒュームの見方の方がより正確であると言うべきであるかもしれない。少なくともヒュームの見方の方が、人間を「人間」らしく見ている。というのも、我々人間は、単に利己的ではなく、少なくともある人々には好意を抱くことを誰しも認めるであろうからである。ヒュームは人間は単に利己的であるのではなく、限られた寛仁ないし仁愛（limited generosity）をも有していると想定した。それでも彼は人間についてなお厳しい見方を持っている。「人間における利己心の横溢と寛大さの狭隘」、と彼は言う。これら特徴づけは、人間を反社会的、反道徳的としているとさえ言えるような人間の特徴づけである。しかし、これぐらいの特徴づけが、人間にとっての真相を表しているのではないか。そして、これに基づきヒュームは、自然的徳と人為的徳（正義）とを説明しえた。

ヒューム以上に、人間に道徳的な素質を認めれば、人間が道徳的であるのはなぜかの説明はより容易になる。しかし、それが容易になればなるほど、現実のありさまから逆に乖離するように思われ出すだけでなく（つまり現実の人間社会にはそれほど「お人好し」が多くはない。ヒューム自身はお人好しと言われたようであるが）、人間がなぜ道徳的かと言う問いは魅力がなくなろう。

ここでヒュームの道徳論の体系を解説することは当をえないが、情念論に基づく自然主義的な彼の道徳論が道徳感情論に基づくことは、周知のところであろう。彼の道徳論は、キリスト教的な基礎を持つものではない。彼が個人として無神論者であったかどうかは、議論が別れるところであるかもしれないが、道徳論に関して彼が神やその他の超越的な権威に訴えていないことは、明白である。その意味で彼のヒドニスチックな道徳論は自然主義的であると言ってよい。もちろんこれは、彼の立場が、いわゆる自然主義的倫理説に立つということを意味するのではない。このことについては後にまた触れるであろう。しかし、彼の道徳論が成立するといえるならば、それは一種の自然主義的な道徳論の可能性を現実性にまで持ちきたすものである。

けれどもここで一言だけ、ヒュームの道徳論、特に自然的徳について注意しておくことが適切かもしれない。すなわち、彼の説はいわばアリストテレス的な「徳」の道徳論であり、近代的な行為の賞罰よりも、行動・行為の生ずる所以の人間の性格の考察に重きを置くものである、と。

第四章　進化論と人間本性

1　道徳の自然主義的理解

人間がどうして道徳的になったのかという考察を人間本性についての知識に関係づけて行うために、ここで我々は、進化論と折れ合う形で道徳を理解することを試みる。その理由は、進化論こそは古来偉大な哲学者たち、例えばアリストテレスやカントが知りえなかった事柄のうち、人間本性（自然的な存在としての人間が持っている性質）、したがって道徳や倫理学に最も大きな影響を持つと思われる事柄についての知識だからである。実際、上述のごとく進化論は今世紀に入って、遺伝学やゲーム理論と結びつくことによって、人間を含めて生物の諸形態や行動のあり方の理解に、大きな影響をもたらした。そうした知見を受け止めるとき、道徳はどのような意味で人間の行動の原理と言えるであろうか。考えてみねばならないであろう。

進化論の出現によって、人間と他の動物とがある意味で連続的に見られるようになったからといって、そしてある動物が道徳的でないからといって、人間が道徳を持つという事実が論理的に否定されるわけではない。問題はむしろ逆であって、人間と動物とのこの進化論的連続性を、人間が道徳性を持つという事態と折れ合わせることにある。

進化論が成立し人間と動物には連続性があるとしても、これはもちろん直ちに人間の諸能力はすべて動物に潜在的に存在するという結論を生まない。すなわちそれは、人間の諸能力のうちのなんらかのものが（例えば自意識や理性が）動物の思考力と連続しないとする主張は否定されるべきだ、という結論を生まない。創生の可能生は認められてしかるべきであろう。しかし、動物と人間とは生物学的に連続的だという主張は、知的能力における非連続性を支持するための議論をより難しくするであろう。もちろん人間以外のある動物、例えばチンパンジーが、それなりの知性を持つことは否定できないと思われる。(1) けれども、人間の持つある能力はすべて動物のもつ能力と連続しているとも思えない。ここで能力という場合、それはいわゆる知性に関するものだけでなく、感性に関するものをも含めている。

人間と動物との連続性は、両刃の剣である。例えばもし進化論の教えるところが、少なくとも最初期の生物は利己的であるということなら、なぜ人間は単に利己的ではなく他人を愛しうるのかということを我々は説明しなくてはならなくなる。もちろん、もし人間以外の動物のうちのあるものも利他的行為をするのならば、それは人間が利他的でありうる可能性が認められるということを意味しよう。しかしその事実も、人間が利他的行為をする存在だということに直接結びつくわけではない。なぜなら生物の進化は単線ではなく、したがって進化上の枝別れのあり方によっては、ある動物が持っている性質は別の動物の持つ性質ではありえないからである。また、生物が持つ特性は、進化の過程において単調増加的に蓄積されて行くものでもない。それゆえ、動物のうちのあるものは利他的行為をするという事実は、ある意味では、人間が道徳的で利他的行為をなしうる存在であるという可能性を支持するではあろうが、本当のところはどうなのかは問題としてなお残るであろう。

現代の宇宙生成論や進化論の言うことが正しくて、この世界には生物が存在しない時期が最初にあったとすると、道徳は始めからあったのだとは言えない。また、人間の存在と同時に道徳ができたと主張する根拠も、宗教的信念以外にはなさそうである。それゆえ、人間（あるいは、ある生物）が、どうして道徳を持ち始めたのか、また道徳の持つ拘束力は何に起因するのか、を考察する必要がある。

もし、社会や道徳の成立が人間の自己保存ということを目的としており、それが道徳の起源であるなら、道徳の拘束力は自明である。道徳が拘束力をもつことは、同語反復に等しい。しかし問題はなお残るであろう。すなわち、生物学の教えるところによればかくも利己的で自己保存を目指す生物が、どうして道徳を持つ存在たる人間にいたったのかという問題が。というのは、前章のアクセルロッドのような議論は可能であるにしても、道徳的であることが、本当に人間の自己保存にとって利益になるかどうかは、明確に確立されたわけではないからである。前章の議論が示したのは、利己心の存在と利他的行為の両立の可能性であって、両立の現実性ではない。このことを裏書きするのは、道徳を忠実に守ることが生存戦略としては正しいものではないかも知れないことを、「囚人のパラドックス」が示唆しているように思われた時期があったという事実である。実際、道徳を守ることが人間の利益になるのは、人間が皆、道徳を忠実に守る限りにおいてであるかも知れない。攻撃者が獰猛残忍であれば、餌食にされた方は全滅してしまったかもしれず、やり返すことは不可能だったかもしれない。いったい道徳とは、人間にとって、何なのか。

我々は道徳を自然主義的に理解しようとしているが、それはそもそも可能な、あるいは意義のある試みであろうか。たとえば、生物の行動パタンを規制している法則は、道徳的な規則と本当に連続的な繋がりを持ちうるであろうか。もちろん、こう言っても我々は、事実命題から道徳的な「べし」を含んだ命題を導出する試みをしようというのではない。我々が議論しようとしているのは、道徳のありよう（と言っても、道徳的命題の内容ではなく道徳的判断の成立のメカニズムのありよう）が、生物学的な法則と、両立するだけでなく支持もされうるのかどうかという問題である。

というのも、もし例えばリチャード・ドーキンスの説が正しいとすれば、生物の基本要因である遺伝子は、利己的なというふうに見られる選択をするのだからである。(2) それが生存に導く確率が一番高くなる選択法である。もちろんこれは、個体としての生物が利己的であるという結論を必ずしも含まない。個体の選択とその個体が含む遺伝子の選択とは、それぞれ別の原理に従っているということは可能である。しかし、生物の在り方をきめる究極的な要因は遺伝子であるとすると、そして、またもし生物的な個体は遺伝子の運搬者に過ぎないとしたら、我々は利己的な選択ないし行為をする遺伝子に対し、なんらかの規制を加えるべきだということになるであろうか（もちろん、そういう操作を加えることは、最近まで我々には出来なかったことである）。そうではあるまい。

言うまでもなく、遺伝子を個体としての人間と同格において議論することには、なんとなく見当はずれの感じが伴う。その理由の一つは、遺伝子を破壊してもかならずしも悪ではないのに、個体としての人間を殺傷することが悪になるというふうに我々は一般に考えることに関係している。個体の次元と遺伝子の次元との間にはギャップがある。我々がこのように個体を殺傷することを悪と考えるのはなぜか。そのギャップがなければ、個体を殺傷することが悪なら、遺伝子を破壊することも悪であろう。すくなくとも我々が、生物学という科学的次元に立って考えると、そういうことになるであろう。もちろん人間が人間として存在することは、単に個体として存在するというだけでなく人格として存在することである。しかし、或る種の生物にとって、個体として存在することにどのような意味があろうか。個体的存在が人格として特別の意味を持つ人間の道徳的な評価と、人間についての生物学的な分析との間には、越えがたい壁がないとは言えない。

道徳的配慮の介入する次元が、生物の法則が成立する次元とは別の次元のことであるとすれば、人間が道徳的であることは、生物的な見地から見てよいことであると言えるのかどうか、問題は単純ではなくなる。同じことは文化の問題についても言える。文化の変化も進化論的にとにかく解釈（進化論に還元するという意味ではない）しうるでもあろう。しかし、文化的であることは、人類が生物として生存し続けるという観点から、推奨できることであるのか。

以上のようなことを念頭に置きながら、道徳の成立する次元についていくらか進化論的考察をする。しかし、ここでは宇宙の進化を全体的に考察している暇はない。以下は、リチャード・ドーキンスの説に頼ることにする。(3)

生命の発生に至る複雑な秩序を解明するのは、宇宙の進化論よりももっと困難である。しかし、ダーウィンの自然淘汰の理論は、単純なものが次第に複雑なものを作り、やがて人間までが出現しうる道筋を示した。かかる困難なことをなしえたが故に、彼の理論は絶大な信頼を獲得するに至っている。彼の「適者生存」の理論は、「安定なものの生存」というもっと一般的な理論の特殊例であるといわれている。

生物の進化についてドーキンスは、次のように遺伝子の成立を説明する。それは、とびきり際立った分子、すなわち自己複製子の発生と考えれば良い。そして、遺伝子つまり自己複製子は、存在を始めたばかりではなく、自らが存在を続けるための場所、すなわち自分が住む生存機械をも作りだす。そして、この自己複製子は、四十億年たった今も生き続けている。彼らは生存技術の達人である。「この遺伝子は不死身である。いや不死身といえるに近い遺伝単位として定義される。われわれ世界の個々の生存機械は、数十年生きると予測される。ところが世界の遺伝子の予想寿命は、十年単位でなく一万年ないしは百万年単位で量らねばならない(4)」。

この遺伝子は自然淘汰の実際の単位とされるものであるが、遺伝子については「よし」「あし」が言われうる。劣った遺伝子とは短命の遺伝子のことであるが、遺伝子に妥当する尺度は、利他主義を悪とし利己主義を善とする。もちろん、ここでドーキンスのような生物学者がこれらの道徳的な身上を表す術語を使うとき、そうした術語は比喩的に用いられているのであり、遺伝子の持つ心理的状態を遺伝子が主観的に自己の心理として認識しているという意味で用いられているのではない。それらの用語法は、いわば行動主義的な言語理解によっている。しかも生物学は遺伝子の行動に関しモデルを作ってその或る意味での解釈をしているだけであるから、たとえ彼らの説が正しくても、遺伝子が実際に利己的な行動原理を原理としていることにはならない。しかし、もし、我々の生存を決定する単位は遺伝子にあり、遺伝子は利己的な行動を原理としていると理解されるものであるならば、そうした遺伝子によって支配されている我々人間の行動の原理はいかなるものであることになろうか。我々の行動も、やはり利己的な原理によって解釈されるものであろうか。つまり我々の道徳原理も、結局は洗練された利己主義に他ならないということになろうか。それとも道徳は、行動についての生物学的な観点と原理的に異なるひとつの観点の創出を俟って、初めて成立するものなのであろうか。我々の立場はもちろん後者である。しかしもしそうだとすれば、その創出が生じたとする目印となる特性は何であろうか。

先ず手始めに動物だけの世界を考えて見よう。我々の世界に、単に生命が出現しただけでなく動物が出現してくると、世界はいかなる形で理解されることになるであろうか。いかなる形で理解されるかと言う意味は、我々の問題が、「動物の行動原理ないしは価値観は、遺伝子の場合と同じく、やはり利己的なものであるか否か」にある、という意味である。

ここで我々は、考察の方向を人間に近い動物から遠い動物へ向けて考察を拡げていくほうが便利となる。つまり今の場合、我々が問題としているのは、進化の系譜のどの辺の動物までさかのぼれば、人間と動物が基本的に違うと見なさざるをえないのか、ということにあるからである。これは、今迄の議論の順序とは逆であるが、動物の進化の系譜の最終点が現在のところ人間であるとすれば、現在の問題を扱うには合理的な順序であろう。基本的に人間と異なる動物は我々の考察の埒外におけばよい。

さて動物と人間の関係についての我々の最初の問題は、人間に近いと言われる動物（例えばチンパンジー、ひいては脊椎動物など）は単に利己的な存在であろうか、それとも利他的なこともする動物であろうか、ということになろう。遺伝子が利己的な行動をするなら、簡単な構造を持つ動物（個体としての人間が遺伝子そのものと離れている距離に比べると、遺伝子そのものとあまり違わないくらいの簡単な構造の動物ないし生物、例えばウィルスやアミーバなど）は、おそらく、利己的な行動をとるという解釈を施すことができるかもしれない存在であろう。もちろんそうした生き物が利他的であっても我々は一向構わない。そこ迄議論の領域を広げる必要はないというのが今の要点である。我々の問題はむしろ、複雑な動物である高等動物にはその動物が高等といわれるような特性がその行動パタンについて見られるであろうか、ということである。例えば脳をもつ動物とか脊椎動物の出現に際して、他の種類の動物に見られない特性の創出があったか、というのが我々の問題である（もちろん脊椎動物でなくて人間と何らかの生物学上の特性を共有するもっと他の形態の動物、例えば哺乳類の出現でもよい）。我々の問題は、人間と非脊椎動物とはその行動原則に違いがあるとして、その違いを作る創出はどの段階で起きたのか、というのが問題であると言ってもよい。つまり脊椎動物から非脊椎動物への遡行に際して、どこで行動原則に大きな違いが見出されるのか。あるいは脊椎動物が進化していくどこかの過程で、実際に生物の機能上の創出があったのかが問題である。もちろん論理的可能性としては、この創出は、脊椎動物出現以前の進化の過程に生じたということも考えられるが、事実問題としてはそれは考えにくい。

この点については、生物学者、特に生態学者の意見を聞かなくてはならない（非専門家の常識では、家畜が人間と感情の交流をしていると思われるような行為をすることや、人間以外の動物が利他的行為をしたり仲間への友情をもつことは、かなり普遍的に認められている）。動物は、人間の言語のような記述的な機能を持つ言語ないしコミュニケーションの手段を持たないので、本当のところはどうなのかわからない。しかしＤＮＡにおいて我々人類と２％程しか違わないチンパンジーは、一種の感情を持つと見うる存在であり、いわば「人間」的な行動を見せるということはしばしば報告されている。(5) また、人間と動物の交流についても報告がある。(6) これらの専門家の報告を信ずるならば我々は、少なくともある種の動物には人間に準ずる地位や権利を認めなくてはならないであろう。このことは、人間以外の動物において見られる利他的行為や仲間への友情は、本物でないとする理由はないということでもある。しかし他方、ある種の動物は、利他的行為や仲間への友情を見せないのも事実であろう。このことをも我々は十分留意すべきである。利他的行為や友愛は、生物進化の必然的産物ではないであろう。動物間における友愛や利他行為が生じたり生じなかったりするのなぜかというのは、興味ある課題である。

以上の議論は、人間が利他的でありうることに現実性があるかという問いに対する、極めて弱いが肯定的な答である。

2 人間本性という観念はどの程度まで支持しうるか

次に、人間本性という観念が成立しうるかどうか、環境への適応という生物学的な見地から考えてみたい。もちろん、私の議論の目的は、道徳の存在の理解にある。生物として「よく生きる（よく適応する）」というだけでは、人間として「よく生きる」ということにはならない。しかし、生物としてよく生きるということを無視して、人間としてよく生きるということを考えるのは現実的ではない。倫理的な命題は、畢竟、我々が「よく生きる」ということを目指す限りにおいて真となる命題であろう。ただ「よく」ということの意味は簡単には決まらない。

先ず問題をもう少し説明しておこう。ここで「我々」という言葉が用いられているが、この「我々」という言葉は何を意味するか。もちろん、私は「人間一般」という意味でそれを用いているのであるが、「人間一般」というのは本当に有意味な言葉であろうか。つまり、普通に我々が人間と呼んでいるものは、人間と言って本当にいいのであろうか。古来、「人間本性」とか人間性とかという言葉は、有意味な言葉として使われてきた。そして、確かに大雑把に言えば、人間という種は、種‐特定的（species-specific）であり、種‐典型的（species-typical）である。しかし人間は遺伝子によって決まるということが真であり、同時に人間は、互い少しずつではあるが異なった遺伝子を持つのだとすれば、人間性という、すべての人間に共通な性質があるというのは、どういうことなのか考えてみなくてはならないであろう。ここではその問題を生物学的には追及しない。ただ次のように言っておこう。人間と言われる存在のもつ遺伝子は、人間と言われるどの二人任意の人間を採って調べてみても、0.α% より小さい（$2<\alpha<3$）、と。因みに、人間に一番近いと言われるチンパンジーと人間との遺伝子の差異は、2%を少し越えるか越えないかぐらいらしい。つまりここには、チンパンジーと人間とには、遺伝子の違い方において、一桁ぐらいの違いがあるようである。[7]

さて、このことを認めた上で、本来は次の議論として、先ず生物学的に人間の形態が普遍性を持つこと、つまり、それが準同形（monomorphism）を持つことを示さなくてはならぬし、それに次いで、人間の人格が準同形（monomorphism）を持つことを示さなくてはならない。これらのことは、遺伝学的な生物進化論の見地からの専門的知識に基づいた考察を必要とするであろう。ここでは、コスミーデスとトゥビィ（Cosmides & Tooby）の議論を借用することにする。[8]

我々の問題提起にとっては、本来まず最初に、「人間本性」という概念は、どの程度の使用に堪えるものかということが問題となる。と言うわけは、「人間本性」というのは、きちんと定義された

(well-defined) 概念ではないからである。

「人間本性」とは、人間ならすべてが共通に持つ性質であろうが、例えば私と読者とはどこが共通なのか。私は任意の人A氏と、共通する面をどこまで持っているのか。それははっきりしたものではない。なるほど、顔のデザインは、私とA氏では、同じであり共通と言えるかもしれない。しかし、もしA氏が若ければ、A氏は、私と共通な顔を持っていると言われたら憤激するであろう。私はもはや老人であるから、若い人のように颯爽とはしていない。そして、ここで顔について述べたことは、人間本性についても言えるであろう。

かくて、ここに「人間本性」という概念の確定性(不確定性)という問題がある。この問題は、問題になっている事柄を遺伝学の言葉に移しても解決の糸口は見つからないであろう。例えば私とA氏との遺伝子の違いは、1%の半分以下もないであろう。そして、私とB氏との遺伝子の差異もまたそうであろう。しかし、私がA氏の遺伝子と違う点と、私がB氏の遺伝子と違う点は、同じではないであろう。遺伝学の立場から言っても、恐らく「人間本性」の不変・共通の部分に対して、それに対応する遺伝子を同定することは、不可能ないし極めて困難なのではないか。(9)

それ故、「人間本性」という概念は、そこから我々が何か確固たる結論を引き出す為に使える概念ではない。むしろ、この概念を我々が使うとすれば、それは、話しを滑らかにする為の整理ないし統轄をする、一種のぼんやりした(fuzzy な)概念としてであろう。

さてコスミーデスとトゥビィの議論を借用すれば、人間は一応、生物学的・心理学的準同形性

(monomorphism) を示すという予備的課題は果たされていることになる[10]。その議論を大雑把に言えば次のようなことになろう。

生物の適応がどのように果たされるかに関して進化が生物に加える制約と、最近の遺伝学的進化論との成果とを考慮すれば、遺伝子が異なることによって異なっている人間の性格ないし特徴は、人間の表現型（phenotype）の特徴の部分集合ではあるが、それは代表的でない部分集合であり、一般的に言って、複合的で高度に分節した種‐典型的心理的機構の中の量的な偏差ないし変種の内に限られている、というのである。そして、そうした遺伝子により引き起こされた差異には制限がある。すなわち、そうした差異は殆ど全くすべての場合、包括的で普遍的で、適応的に組織された上部構造である人間本性に影響を及ぼさない、範囲の限られた差異である、というのである[11]。この主張に基づき彼らが目指す結論は、複雑な複合体である有機体を統合するデザインは準同形になるというものである。このことを比喩的に言えば、空を飛ぶという機能を果たすために諸々の部分を組み合わせた結果、航空機の形が段々鳥に似て来たというようなことである。空を飛ぶものはそれ以外の形を取りにくい。

もしこの議論を認めてよければ、我々の次の問題は、生物としての、また人格における準同形が成立することになれば、どうして人間の個性ができ上がるのか、ということとなる。この点についてもコスミーデスとトゥビィの議論を借用するのであるが、以下ではそれを少し詳しく紹介することにしたい。

（1）問題の説明

人間は生物学的には準同形であると主張できると我々は前提した。しかし、その場合、心の構造はどのようなものと見ればよいのか。それについて我々は、人格心理学的な考察を行い、人間本性の普遍性と個性の共存の可能性を弁護することになる。そしてその場合の個性を形作るものは何かということの考察は、人間の行動を動かすものは何かということを明らかにすることを通じてなされるであろう。

もし人間が（生物学的にまた心理学的に）人間本性というものを共有しているとするなら、人間の人格心理学の見地からまず考察すべき問題は、人間の心理的な構築のあり方が普遍的であるのに、個人間の性格の差異はどうして生まれるのか、というものであろう。その際、進化論的な見地からまず問わねばならないのは、我々が普遍的に共有している心理的な機構はどんな適応上の組織を持っているのか、ということである。心理的機構は、我々人間が生きていく上でどういう機能を果たしているのか。この問いは、心的次元での人間本性とは何か、という問いの一部であるとも言える。そして、問題を進化論的見地から、つまり適応という視点からもっと具体的に見るとき、次に見るべき課題は、人間の人格上の差異の形成を見る為に、個人の持つ諸々の差異の中のどれが他の機能と共変し、どれが共変しないかを吟味することである。

そうした共変する個人的な諸差異があるとして、そうした諸差異によって人類は異なった人格上のタイプに分かれるであろうか。もし分かれるとすると、進化論的分析の立場から見て次に問うべきことは、これらのタイプは、はっきりと進化論的な機能を持った、適応的に組織された行動の戦略を持っているものであるかどうかということであろう。

共変を引き起こさないタイプの差異はばらばらで勝手な在り方をするが、そうした差異をなすものの中でも適応的な機能を持っているものがあるのか。また、ある個人的な差異は状況を通じて共‐状況的に安定的であるのに、ある個人的な差異は状況によって引き起こされ、状況依存的なものであるのはどうしてか。我々の問題解明の為にはこうしたことをも論究できなくてはならない。

けれども現在の我々の問題は、個人的差異つまり個性がどのように生ずるか、ということである。そしてここでは、それを、適応の問題を通じて考えようとしており、これらの問題について、コスミーデスとトゥビィが論じていることの概略を紹介するのである。

（2）人間における形態（morphs）の在り方

人間本性の普遍性を論ずる場合、先ず問われるべきは、人類の内部に互いに非連続的な種別があるか、ということであろう。なぜなら、（これまで論じたことによって）統合された適応的なデザインは機能的な準同形性（monomorphism）を必然的に持つが、そうした準同形性が必然となるのは、他の種類と切り離された、非連続的（discrete）な別個で独自の一つの種類、または形態（morphs）の内部での話である。しかし人類の中にある人種の種別があって、その種のヒトは、我々のとはまた別の機能を持つのではないか。

例えば、あるモデルの車のエンジンは、準同形（monomorphic）であるかもしれないが、モデルが異なればエンジンは全く異なったデザイン上の違いを持ちうるし、また持っている。そしてそのモデルが持つ機能は、違った目的に対し協同的に機能する車の機能であり変種になっている。

人類の種別に関してこのような問いを発する理由は、次のような事情があることによる。すなわち時あって進化は、一つの種の内部にも非連続的な別個の変体を生み出す。つまり異なった形態（morphs）を生み出す。そのときデザインは別様でもありうるからである。そのデザインは適応的ではあるが、別のデザインとは実質的に非連続的な、つまり異なった仕方の適応上の戦略を持つという意味で、異なっていることがある。例えば、オスとメスは、同じ種の中で異なった形態（morphs）を持ち、異なった適応上の戦略を持つ。この二つの形態が非連続的というのは、メスとオスの混合は普通はない、という意味である。普通は、メス（女）でなければオス（男）であり、オスでなければメスである。

生物の世界では、一つの種の中に、多数の形態を持つ例が多い。いくつかの社会的な昆虫においては、オス、メスは異なった階級（castes）に属しており、兵隊、労働者、女王から成っている。また動物は、幼時と成熟期とでは形態（morphs）を異にする。形態の多様は、身体的な形態構造（morphology）のみに止まらない。一つの種の中に行動の戦略が実質的に非連続的な違いを持つ個体を含む場合もある。例えば、「タカ派」と「ハト派」というものがもし存在すれば、その存在がそれである。

議論を省略して、コスミーデスとトゥビィの意見を借りれば、たとえもし、人間の人格には、非連続的な形態が存在しうるとしても、それは社会的昆虫の場合のオスとメスという生理学的な性差別よりも、もっと遥かに慎ましいものであろう。

ある個体が異なった形態を構成しているかどうかを判定する決め手は、個体内の変体の総量ではなく、この変体の組織化の問題である。異なった個体が、非連続的に別個な形態を構成しているという主張を支持する為には、その個体の諸特質が、各部分の複合的な協同を通じて適応するデザインを持っていることの証しをまず示さなくてはならない。

それでは一体、人間の人格には（身体ではなく）、非連続的な異なりを見せる形態が存在しているのか。これは人格の心理学にとっては中心的な問題である。

この問題は、表現型（phenotype）の次元の問題と、遺伝的（genetic）な次元での問題とに分けて考えるべきである。まず、表現型の次元の問題として言えば、人間の身体は、はっきりと異なった形態を持つ。例えば、人間の男性と女性は、はっきりと異なった形態を持っている。両者のデザインは異なっている。人間には、もっと他にもはっきりと異なった形態を持つ例がある。これが言えるのは人間だけではないが、人間には年齢による身体的な違い、つまり形態の違いがある。胎児から、幼年期、青春期、老年期と数えれば十分であろう。しかし、性と年齢というこの二つを除けば人間には、非連続的に異なり生理学的に区別されうる人間の形態があるという証しはない。むしろ民間通俗の考えに反して、遺伝学的な証拠の上では、異なった民族のグループは非連続的に異なってはおらず、民族間の違いはタイプを構成するほどのものではないのである。知的にも人種間の差異はないとされている。もし、年齢と性というカテゴリー以外の点で本当に異なった人間のタイプが存在するとしても、それは大人と子供、男と女という差異よりも遥かに慎ましい差異であろう。なぜなら、これ以外には生理学的に認定しうるほどのタイプの差は人間の中に見出されていないので、もし、もっと他に非連続的に異なるタイプが見出される筈だというなら、それはもはや生理学的、形態構造学的な（morphological）ものでなく、心理学的な差異のものでしかありえないであろうから。

それではこの点に関し、人格心理学者はいかなる見解を示すであろうか。彼らは、人格の変種の組織的な体系があることを見出し、それによって人間には現在我々が一般に持っているのとは別の適応戦略がありうることを示しえているであろうか。この問題については、ここで明確に答えることはできない。それに答えるには恐らく、なお具体的な調査を待たねばならないであろう。しかし、今のところそうした戦略の可能性は証明されていないのであろう(12)。また、進化論的生物学での議論は、適応的なデザインを持つ生理的機構のみならず、心理的機構もまた一般的に、その構造上準同形であるという期待を許すものであろう。

しかし、人間には現在我々が一般に持っているのとは別の適応戦略がありうることが、現在においてはまだ示されていなくても、人格上の差異が遺伝可能な構成部分から成っており、そうした構成部分が適応をなしているものであるのかもしれない。もしこういう適応があるとすれば、それはいかなる結果を生むであろうか。このような適応の過程が存在するのかどうか、明確ではないが、コスミーデスとトゥビィは、このような適応の存在に対しても否定的な見解を述べている。[13]

（3）人間における適応戦略

以上において人間には、ある程度の同型性が心理的にもあることが言えたとしよう。そこで次は、個性の問題に移る。さて、人格上のさまざまの変種が適応の為に選択しうる戦略を構成しているかどうかを、抽象的に論断することは難しい。けれども進化論は、人格心理学がこの問題を探究する為のいくつかの基準を与えている。つまり、ある特質が適応であるかどうかを判定する為の基準を与えている。

人格上のある特質が適応であるかどうかを判定する基準は、第一にそれが、(a)単一の特質の量的な変体ないし変種なのか、また第二には、(b)いくつかの変体が一連のものとなって組織的に協同的な仕方で共変しているのかどうか、ということであろう。もし、(a)なら、それは適応戦略である可能性はあまりない。なぜなら、戦略というものは多くの場合、巧みに配置され構成された行為によって遂行されることを必要とするのであり、こうしたことは単一の遺伝子や、量的に付加された遺伝子のシステムの特定しうる能力を超えているからである。

第二に、変化の共変の仕方が適応的な意味を持っているかどうかが、判定の決め手の一つになる。もし共変が適応的な意義を持つのなら、それが適応であることの信憑性は高まる。例えば、「大きくて強い」ことが「攻撃的」ということと共変し、「小さくて弱い」ということが「控えめ」ということと共変するなら（事実はそうでないが）、それは適応だと言えるかもしれない。特定のデザインがあるということが、適応かどうかを言う為の基本的な基準である。ある特質は、それがときに利益を齎すというだけでは、それが適応であることの十分な証拠ではない。各部分が一つになって適応の問題を効果的に解決するように、特定のデザインがあることが見てとれるのでなくてはならない。

さらにここでつけ加えておかねばならないことがある。それは、今二つの選択可能な適応戦略があるとして、それらが適応であると判定される為には、それら戦略が、個体（個人）ごとに異なる遺伝子によって、遺伝コードを指定される必要は必ずしもないということである。自然選択の観点からは、選択可能な戦略が活性化されるのが、(a) ある遺伝子によるものであろうと、(b) 環境から来る合図によるものであろうとも、(c) 状況の認識的評価によるものであろうとも、それはどうでもよいのである。肝腎なのは、内在的な機構がデザインされている仕方が、しかるべき状況においてはしかるべき戦略が活性化されるようになっていることである。

しかるに、このことを達成する最善の道は、上記 (b) または、(c) である。(a) はその確率が低い。なぜなら、そういうことが単一の遺伝子の変化によって達成される可能性は低いからであり、一連の遺伝子の変化によって起こるのだとすれば、それだけ確率が下がるからである。さて、もしそうだとすると、大概の選択可能な適応戦略は遺伝可能的に決定されるものではない、ということになろう。さらに、選択可能な適応戦略に対しては、個人によって変わる一連の遺伝子という考えを用いても、遺伝子によるコードを指示することは原則的にはできないことが、遺伝子次元での協同的変化構造を論ずることによって主張できる、とされる。(14) このことは、適応戦略は心的な事柄に多くを負うこと、つまり適応戦略の選択は個体が形成している個性に多くを負うことを意味することになるのではなかろうか。戦略の多様性は個性の多様性と相関的であるように思われる。

　そして、さらに話を飛躍させてよければ、次のように言えるかもしれない。すなわち、人間の環境作りの一環とも考えられる文化形成のさまざまは、遺伝子のコード変化にその直接の原因を持つのではなく、人間の認識能力（心）、あるいは認識ないし評価能力の働きの結果である可能性が増大する、と。

　次に論定されることは、一つの遺伝子的構造に対して、複数の表現型が存在しうるということである。もちろん、種が異なれば、表現型の次元では、さまざまな統合のされ方を持つデザインが作り上げられうる。その場合、それぞれの種の内部に見られる統合的デザインの差異は、協同的な存在をしている遺伝子の差異を原因としている。異なった種は、遺伝子の繋がりが異なる故に異なるのである。そして、表現型の次元と遺伝子的な次元とは、互いに反映し合う。けれどもここにも再び、通俗的な直観に反する事実がある。すなわち、一つの種の中にある、異なった形態の中にあって協同的な共変構造を持つ変種は、遺伝子的な次元における協同的な共変構造を持つ変種をそれぞれ反映しているのではないのである。つまり、異なった形態がそれら異なったデザインを持つのは、ある個体には存在しある個体には欠けている、選択可能な一連の遺伝子が根底にあるからではないのである。換言すれば、形態間の差異は、遺伝子次元での差異を必要条件としないのである。工業上の技術では、形態間の差異は内的構造の差異を必要とするかもしれないが、生物学ではそうでないのである。つまり、メスを作るのには、メスを作り出すのに必要な遺伝的情報を、単一の、再結合的ではない遺伝子的単位に結び付ける、ということによるのではない。メスもオスも同じ遺伝子を持っていてよいのである（人間の場合、染色体では確かに一つ違うが）。

一つの種の中での選択可能な形態は、遺伝可能的な遺伝子の選択を基礎とするのではなく、別の仕方で遺伝子的に作られるのである。これは進化論的遺伝学が、性の決定について引き出した事実であろう。男も女も、胎児も成人も、その違いは、本来遺伝子的な違いがあることに基づくものではない。幼児の持つ遺伝子のすべては、成人にあったものである。そもそも種が種たる所以は、その種を構成する個体が相互に子孫を作ることによっている。この結果、遺伝子は、絶え間なく変化する結合をしながら、幾世代にも亘って循環していくのである。それ故、一つのタイプを決定するすべての特色を集めるに必要な遺伝子は、すべての個体に現存していることが必要であり、また確率論から言ってもそのような拡散が起こるはずであろう（エントロピー増大）。

一つの器官を持つというような複雑な適応においては、幾多の遺伝子的な特定化が必要であろう。それは単一な遺伝子の果たしうる課題ではない。単一な遺伝子がそのような複雑なシステムを築く為に必要な階梯をすべて特定化するというようなことは、あまりありそうには思えない。このような複雑な適応は生物進展（進化）のプログラムによって構築され、そのようなプログラムは、逆に遺伝子の持つプログラムによって制約される。しかしこのプログラムは、幾百、幾千の遺伝子を含むであろう（op. cit., p. 44）。そのような方策ないし遺伝的なプログラムは、生物にとって直ちには作り難いのみならず、作る必要もないのである。同じ遺伝子からも異なった形態を作れるのである（人間の男女）。

試みに、今、女性の器官を作るのに必要な遺伝子は女性の中にのみあり、男性を作るのに必要な遺伝子は男性の中にのみあるとしてみよう。そこからどんな結果が出てくるか。両性の結合によって子供が生まれるとき、その子供は親の各々からそれぞれの性を作る為に必要な遺伝子をいくらか受け取るであろう。しかし、それでは男である為にも、女である為にも十分でない。それゆえ、子孫再生の為には、すべての個体は、いずれの性である為にも十分であるだけの遺伝子をすべて備えていなければならないのである。人間の男性と女性を決めるのはただ一つの染色体の違いだけである。

かくて一つの結論がえられた。すなわち、一つの種の中で選択可能な形態は、選択可能な遺伝子に基礎を置くのでなく、つまりある遺伝子（またはその繋がり）が存在するか否かにのみ根拠を置くのではなく、別の仕方で「遺伝子によって」作られる、ということである。この故に、心理的であれ、生理的であれ、それぞれ協同的な統合性を持つ異なったデザインは、一連の遺伝子の繋がりの直接的な結果ではあまりありえないといえる。一つの形態において異なった遺伝的プログラムが活性化されうるが、それらのプログラムは、一つの形態においては、すべての個体が共有している。そして、異なった種は、異なった遺伝子を持つ故に異なったデザインを持っている。しかし、一つの種の中で異なったデザインが、同一の遺伝子を材料として出てくることもできるのである。

（4）人間における適応戦略の基本（心的対応）——多様な個性

それでは、そのデザインとはいかなるものか。それは何によって決定されるか。この問題について論者たちは、決定要因を遺伝子的転換（genetic switch）と、環境上の合図ないし状況評価（つまり心的対応）との二つに分けて論じ、後者に主な役割を帰している。そしてその結論は、心的な器官の働きが、協同的に適応的な働きをする人格上の特質を生み出す、ということになるようである。この結論はまだ確定的ではないかもしれないが、私としては今のところ、概ねこの論旨を受け入れることにしておきたい。個性は、遺伝子情報の直接の結果であるよりは、むしろ個体が環境に対しどのように対処するかということにかかっているように思われる。

このことの意味は、環境の変化に対して遺伝子レヴェルの変化で対応するというような変化がないということではないが、変化へのそうした対応だけでは、環境の変化に対応するのに時間がかかり過ぎるであろう。環境に対する行動的反応が、時間のかかる知的推論によるよりも感情ないし情念的な反応を基本的で原初的とするように、環境の変化に対応する戦略の変化も生理学的ないし遺伝子レヴェルにおける変化だけではなく、より速やかに心理的レヴェルで先ず起こると考えるのは自然であろう。心理的レヴェルでの反応は環境や状況の多様性に即応せねばならず、それによって大いに影響され、多様な形態を取るであろう。それゆえ、同一種においては、遺伝子次元では準同形が成立していても、心理学上の表現型の次元では差異性と多様性とが成立可能である。否むしろ、環境の多様は、人間がそれに対して直接には自分の心性によって対応するのであるなら、個性の多様を生まざるをえないであろう。たとえ進化の為のプログラムと適応の為の戦略とは、すべての人間にとって同じであるとしても。

思うに、以上において示されたことは、人間にとって最も基本的で原初的な次元での心理的な動きは、感情ないし情念であるということであろう。なぜなら進化の過程上で、生物にまず生じたのは感覚や感情などの感性であり、理性ではないからである。そしてこの議論は、道徳や倫理にも移しうる。もちろん、倫理的判断はそのような感情ないし情念的なものでなく、理性的なものだとする立場もありうるかもしれない。しかし、そういう合理論的な発想を、我々は採れない、と考えている。このことはもちろん、理性の使用を不可とするという意味ではない。道徳的判断や倫理判断が理性的になることは、望ましいことですらあろう。しかし、ここで言っているのは、いわゆる理性の使用は、人間の発達、進化のかなり後の段階で生じてきたものであり、原初的な道徳的反応は理性的なものではないであろう、という意味である。否、人間が理性を持つという主張は、むしろ人間本性が普遍性を持つということを別の形で主張しているものかもしれない。

この結論は大まかに言えば次のようになろう。人間が様々な状況に対応し適応していくためには、生物学的な遺伝による対応を待つのでは間に合わないことが多い。それゆえ対応は先ず、素早く心理的に起こる必要がある。そして、そういう次元で最も素早いのは、いわゆる知的次元ではなくて、人間本性に制約されている感性的な次元であるということである。このことを更に拡大すれば、表出論ないし投射論的な内在主義的な道徳論にしばしば浴びせかけられる、「相対主義」という非難に答えることが可能になる（後章）。

かくて、人間を一本の木に喩えて言えば、本性は幹であり、様々な個性はその枝葉であるということになろう。枝葉の茂り方は、同じ種類の木でも様々でありうる。更にこの比喩に従って言えば、人間がその本性（木の幹）において、また、その幹から出た枝葉を持つという構造において共通である限り、人間の道徳の基本的なところでは一致がありうるのではないか。そして、それと同時に、時代と場所によって人間の道徳が枝葉において違っているという、道徳現象の相対性も説明が可能になる。時代と場所によって、つまり文化によって道徳の現象形態（表現型）が異なるということは、道徳についての教育が可能であり、また必要であることを意味しているのではないであろうか。

そしてこのことは更に、次のことをも示している。すなわち、もし文化とは、集団の個性であると考えてよいのだとすれば、上述の議論は文化の多様性の可能性の根拠でもありうるということを。ここに我々の見た事実、すなわち環境への対応が主として心的レヴェルで行われるという事実は、人間の文化というものが、かなり速やかに変化するものであることの理由でもあろう。動物一般の在り方と異なり、人間の生活や文化様式は急速に変わりうる。実際、戦後の日本を見てみれば、そのことは明らかである（と言っても、生物の適応には、特に進化の初期の段階においては、環境からの情報にあまり依らないで行われたものもあることを否定するのではない）。

以上に述べたことは、人間本性というものをある一定のものと想定しそれを基礎として演繹的に論ずることを許すものではないが、人間本性に沿って道徳的考察を進めうる根拠ないし前提を我々に与えるものである。では、その人間本性とは、より具体的にはどのようなものか。それは理性に他ならないであろうか。これに対する単なる肯定的答は少なくとも不正確である。

以上において示されたこと、つまり生物にまず生じたのは感情などの感性であり理性ではないゆえに、人間にとって最も基本的な次元での心理的な動きは感情ないし情念であるということについて、繰り返し注意をしておこう。というのもこの議論を道徳や倫理に移した場合、それに対して合理論者は直ちに反論して次のように言うであろうからである。すなわち、倫理的判断はそのような感情ないし情念的なものでなく、理性的なものでなくてはならない、と。しかし我々は、そういう合理論的な発想を採らない。けれども繰り返して言えば、このことはもちろん、我々は理性の使用を不可とするという意味ではない。道徳的判断や倫理判断が理性的になることは、望ましいことですらあろう。しかし、ここで我々が言っているのは、いわゆる理性の使用は人間の発達、進化のかなり後の段階で生じてきたものであり、原初的な道徳的反応は理性的なものではないであろう、ということである。否、人間が理性を持つという主張は、むしろ人間本性が普遍性を持つということを別の形で主張しているものかもしれない。たとえばプラトンが、ソフィストの議論を反駁する為にソフィスト的な「思いなし」を超えた真なる知識を想定したとき、あるいはアリストテレスが人間の本性を「理性的」であることに見ようとしたとき、そこにはなにがしか人間本性の普遍性への思いがあったのではないか。また近世においてデカルトが、良識すなわち理性は万人に等しく与えられていると主張し、「考えるもの」は存在するという宣言を基礎に彼の哲学体系を築こうとしたことの意味は、彼は人間における普遍的なものを先ず要請したということではないのか。人間本性が人間の個人的能力の形で表されたものが理性であるとすれば、それを社会、政治面に投影したものが、自然法であろう。

感覚や情念、また感情は、個人的であり相対的である。そこには普遍性を求めえないと感じられよう。しからば、人間本性に普遍的なものがあるとすれば、それは哲学者たちが考えた理性のようなものでなくてはならないではないか、と思われるかもしれない。我々はしかし、感覚や感情の内容に普遍性を求めるのではない。そうした反応の様式を人間が持つことの普遍性を、我々はここでは認めたのである。

道徳判断ないしは評価的な判定の原初的な形は、理性的なものではないことを裏書きする事実としては、例えば恐怖、嫌悪、怒り、驚き、そして喜びなどの基本的情念ないし感情を表現する顔の表情が、人類すべてに共通した特性である、という事実が挙げられる。E・O・ウイルソンは、人類学者たちの意見を引いて、これらの特性は、文化が進んでいるかいないかにかかわらず、多くの文化にほぼ一般的に見出されるような信号行動である、としている。[15] 彼は更に、「ほほえみ」も同様な人間に普遍的な信号行動のうちに算定している。[16] ついでに言えば、彼は、人間の利他的行動は、すべてある種の感情の統制の下にあると言う。[17] 道徳的な攻撃が最も強く現れるのは、いかさまやペテン、裏切り、背信に直面したときであるが、これらは直観的なものであり、知的な推論の結果起こるものではない。

同様にまた、J・Q・ウイルソンは、我々人間の公正な行動は、結果論的な体系的推論に基づくものではなく直接的で本能的なものであり、我々の知性の働きによるよりは情緒的反応によるものであると言っている[18]。実際、感情は推論や議論の能力よりも、出現の順序と力の強さにおいて、優位にある。

道徳判断における情念の優位の根拠になりそうなことを更に挙げておこう。例えば、人間を群棲動物の一種と見るとき、次のようなことがその特性と見られるそうであるが、これらはいわゆる動物にも見られるものであり、それ故それらは知性的でもなければ規約的なものでもない。しかもそれらは、道徳や倫理への萌芽を含んでいるものであり、いわば道徳の元素である。これらのことに基づけば、人間の道徳、倫理的な特性の基本は、情念的なものであるとするのがより適切であろう。群棲動物の基本的特性とされるのは次のようなものである。すなわち(1)社会的階層、(2)幼きものの養育、(3)群れの成員は互いに助け合うこと、(4)余剰の食べ物は分け合うこと、(5)群れの掟を犯したものに対しては、社会的な怒りが感ぜられることなどである[19]。もちろんこうした感情の発生や、利他的感情や行為の成立は、社会の最小単位としての性的結合や、家庭、血縁関係を通して増幅され意識化されたであろうが、そうしたことの詳しい研究は実証的研究の課題である。

原初的な倫理判断は、生物としての人間にとって基本的であろう。それ故、それを軽視してはならない。そして、我々はときにそれを変容し洗練することはあっても、完全にそうした基本的判断を否定することは、人間が生物であるかぎり、却って有害な結果を残すことが多いと思われる。

いずれにせよ我々の課題についての内実的な議論は、本来これで終わらない。我々はなお、人間本性がどのようなものかより確かな見通しをつけ、それを基礎に人間の道徳的な行動の普遍的な基本原則はその本質上どういうものであるか、更には、人間の社会がよりよくなる為にはどういう規約が最低必要になるか、また実際上これまで、道徳や倫理はどのように変化ないし進歩してきたかを考察しなくてはならない。これは文化の多様性と倫理の関係という問題へと進むことを許すであろう。

第五章　道徳感情論を支持する科学的知見

前章で述べたことの一つは、我々人間が生物として環境に適応する戦略の基本は、先ず感じないし情念という形で状況に対する我々の反応が形成されるということにある、ということであった。このことが示唆しているのは、行動に関すること、したがって道徳に関しては、情念ないし感じということを抜きにしては議論が成立しないのではないか、ということである。これを道徳論に関して言えば、道徳論では道徳感情説を生かす形での議論が不可欠であるということであろう。本章ではこのことを更に支持するため、いくつかの最近の科学的成果、特にダメイジオによる脳神経学の成果と、トゥビィとコスミーデスのもう一つ別の議論との紹介を行いたい。ただし、後者は、本来は、心理学者ウェッソン（P. C. Wason）の提示した仮説であるが、トゥビィとコスミーデスが更に手を加えたものである。

1　大脳生理学からの議論（ダメイジオの議論）

神経生理学者ダメイジオ（A. Damasio）は言う。[1] 感情というものは、これまで人間の理性的行動を阻害する原因であると見られてきたが、実はそうではなくて、感情は単に人間の実際生活において不可欠な要因であるばかりでなく、むしろ人間の実生活における選択や判断において、理性よりも優位に立つものではないか、と。彼の言う所に従えば、情緒（emotion）や感情（feeling）などに顕著に現れる生物学的な規制機構の導きなしには、進化過程においても、個人においても、恐らく人間の理性は発展しなかったであろうということになる。もちろん彼は、感情や情緒、情念が、混乱を引き起こし、有害な影響を起こすことがあるのを否定はしない。彼が言う所は、感性的なものが我々のなす決定のすべてを行っているのだということでもない。人間が理性的存在であること、合理的な行為をする存在であることを、彼は否定するのでもない。彼はただ、情緒や感性の、ある過程が、実践的な合理性の成立のためには不可欠である、と言うのである。つまりそれらは、意思決定において、我々をしかるべき方向に向け、適切な場所に置いてくれる、と言うのである（Damasio［1994］pp. xiv-xv）。彼の議論を簡単に紹介したい。

彼がまず取り上げるのは、ゲージ（Phineas Gage）の例である。ゲージというのは、十九世紀の中ごろアメリカの建設会社に勤めて、それなりの将来を見込まれていた、ある男である。一八四八年の夏、彼が不幸に見舞われたとき、彼は二十五歳であった。彼は、岩石の爆破の最中に過って、左の頬から突入した鉄棒に頭骸骨を破られ、前脳部を貫通されたのである。彼は奇跡的に命を取りとめ、怪我から回復した。しかし、怪我から回復したゲージは、かつてのゲージではなかった。かつてのゲージではないということの意味が、ここで大事である。つまり彼は、確かにかつての力を取り戻し、身体的な意味での回復は、完全であった。触ったり、聞いたり、見たりすることはできた。四肢の痺れは全くなかった。左目の視力は失ったが、右目の視力は完全であった。しっかりとした足取りで歩けたし、器用に手を使うこともできた。言語障害も見出されなかった。しかし、彼の知的能力と動物的なつまり生き物としての性向とのバランスが崩れたのである。

脳の怪我の緊急を要する事態が静まるにつれ顕著になってきたのは、性格の変化であった。彼は発作的になり、脈絡がなく、以前はなかった習慣だがときどき酷い冒瀆的なことに耽るようになり、仲間にあまり配慮しなくなり、自分の欲する所と違う忠告や制限に対して堪えることができなくなった。ときには頑固で執拗になり、しかも気まぐれで気持ちが定まらず、これからの仕事をいろいろ計画するが、計画に対する配備ができるや否や、それを放棄してしまうのである。彼は、知的な能力とその展開においては子供であるが、男性的な強いエネルギーを持っていた。彼は酷い言葉を吐くようになったので、感情を傷つけられないように、女性たちは彼のそばに長くいないようにと言われていた。

これらの新しい人格的特質は、「節度ある習慣」、「生活上の活力」などの、彼がかつて身につけていたと人々が承知している特質と、鋭く対立するものであった。かつての彼は、「よくバランスの取れた心」を持ち、細心で利発で、活力にあふれ、仕事を推し進める上でたゆみのないビジネスマンとして知られていた。ゲージの変化が、あまりにも根底からのものであったので、友人や知人たちは、ゲージがゲージであると認めることができなかった。ゲージは最早ゲージではない、と彼らは悲しげに言うのであった。

この後、彼は、建設会社の現場監督の仕事を続けることができなくなる。そして転々と職を変え、最後には落ちぶれて、いわば野たれ死にをすることになる。我々の関心は、もちろん、彼の悲しい物語にあるのではない。彼の性格の欠陥が生じたのはなぜか、そしてその欠陥の性質はどのようなものであったのか、その変化（欠陥の発生）はどのように展開したのか、ということに我々の関心を向けねばならない。もちろん、基本的な原因は、頭にできた傷である。しかしこの答は、なぜ欠陥が生じたかを言うだけであって、どのようにして生じたかを明らかにする答ではない。怪我が前頭葉のどこか他の部分であっても同じような結果が生じたのであろうか。また、その結果がどうであれ、脳のある領域の破壊が人格の破壊に至るのはどういう次第によるのか。

ここでH・ダメイジォ（A. Damasio 夫人）は、いろいろなコンピュータ技術を使ってゲージ（既に死んでしまっているが）の脳の再構築をする。その結果、彼女が明らかにしたことは、我々の正常な決定行為にとって決定的に大事なのは、ventromedial prefrontal region（前頭葉の下方部分）であるが、まさにその部分が、ゲージの場合、損傷を受けていた、ということである。そして神経心理学的な機能の他の諸面にとって不可欠と思われる諸領域は、損傷を受けていないことが判明した。

例えば前頭葉の側面の皮質の損傷は、注意力を統制する能力や、計算する能力、刺激（インプット）に対応して変化する能力を崩壊させると言われているが、ゲージの場合この個所は損傷を受けていなかった。

かくて明らかになったのは、次のようなことである。ゲージの受けた損傷は、前頭葉の皮質のある個所の損傷であること、そしてその損傷が、彼の能力上の損傷、つまり未来に対して計画し、以前彼が守っていた社会的な規則に従って行為し、生きていく上で最も有利な行動を彼に取らせる彼の能力の損傷に見合うものなのだ、ということである。H・ダメイジオの研究により、このことがある程度の根拠を以て言えるようになったのである（ibid., p. 32-3）。

以上の話は、主として生理学的なものであるが、それはもっと心理学的な問題にどのような関わりを持つのか。心の問題という観点からは、我々に何を告げるのか。ダメイジオの議論をなおしばらく聞いていみよう。次の話は、脳腫瘍の手術で前頭葉の組織を一部切り取った結果、人格の根本的変化を生じた患者についてのものである。

この患者の手術そのものは成功であったが、患者が身体的に回復する途上において、人格に変化が生じ、この変化が家族や友人を驚かすことになる。この患者の名を、A・ダメイジオに従って、エリオットと呼ぶことにする。以下は、エリオットがエリオットでなくなるさまを述べることになる（同上書、第三章）。

手術後の彼は、日々毎日、自分の仕事に取りかかるよう、せきたててもらうことが必要になった。

朝は仕事に取りかかるように、また、仕事の準備をするように、という次第である。そして仕事そのものについても、今や彼は、時間を適切に使うことができないのである。彼にスケデュールを与えても、それで後は任せておくというわけには行かなくなった。現在している仕事を一時中断して他の仕事に移る必要がある場合、彼は、転換ができず、あるいは彼の仕事が全体として何を目標としているかを見て取ることができずに今の仕事を続けるかも知れないし、またあるいは彼は今行っている仕事を中断して、彼が今その瞬間に最も心を奪われることに転ずるかもしれなかった。例えば、資料の読み取りや分類を必要とする仕事があるとする。彼はその資料を読んで、その資料の意義を完全に理解する。そして、それをどういう風に分類すべきかをも理解する。問題が起こるのは、彼が自分がやりかけている分類の仕事から転じて資料を読む仕事に移り、しかもそれを注意深く聡明な仕方で読むことに移り、そしてそういう資料読みを一日中続けてしまうかもしれない、ということにある。彼は一日中、どんな分類法が適切かを熟考して時を過ごすこともあった。仕事の流れは止まってしまう。仕事の個々の部分については、彼はでき過ぎるぐらい立派に仕事を遂行できたと言ってもよいが、全体的な目的はそっちのけにしていた。エリオットは彼が何を優先するかという行為に関しては非合理的になった、と言ってもよいであろう。他方、エリオットは、従属的な二次的な課題に属するような小さい枠の中では、不必要なまでに微に入り細をうがった仕事をするのである。

彼の知識の基本的なものは残っていた。彼は、あのことやこのことは、昔と同じようにできた。しかし彼は、必要なときに必要なことをしかるべくするということができなくなった。彼は、同僚や上司に繰り返し注意を受けても注意を払わなくなった。かつては有能な社員であった彼は、会社での仕事を失い、やがて社会的にも家庭的にも、次々と転落していく。

エリオットは、もとはよき亭主であり、よき父親であり、同僚や一族の若者たちの手本であった。人も羨む地位を、個人的にも社会的にも有していた。しかし、病後の彼は一変したのである。手術後、A・ダメイジオのもとに診察に現れたエリオットについて、彼が記しているところでは、エリオットは、感じがよく、魅力的であったが、しかし感情的には自制的で控え目であった。彼は尊敬を受けてしかるべき振る舞いをし、また社交的な身のこなしをするが、それを裏切るものとして、知的優越を意味する皮肉な笑いと、世間の愚行を少し見下している所があった。彼は冷静であり、超然とした所があり、話題が個人的になり彼にとって少しやっかいなことを潜在的に含むようなことに触れても、心を取り乱すようなことはなかった。エリオットは、聡明で整合的であったばかりでなく、身の回りに起きていることをはっきり知っていた。彼はユーモアを込めて政治的事件について論ずることもできた。経済的な状況についての把握も、しっかりしているように見えた。彼の仕事に関する知識は、しっかり残っていた。A・ダメイジオは、エリオットの仕事上の技能は、落ちていないとは聞いていたが、それは尤もなことだと感じた。彼の記憶は、ごく最近の奇妙な事件に至るまで、間違いのないものであった。

この後、エリオットは、種々の心理テストを受ける。しかし、異常は見出されない。諸結果は、並み以上である。エリオットが脳に損傷を受けた後、彼に生じた大きな変化にも拘らず、神経心理学の伝統的な道具立てや枠組みの中では、なに一つ異常を示す結果は大して得られなかった。A・ダメイジオは言っている。脳腫瘍などの手術を受けた他の患者についてもこのような乖離は見られたが、エリオットの場合程酷いものではなかた、と。エリオットのケースを説明しようと思うなら、新しい手段が必要であった。

A・ダメイジオは、これまで自分がエリオットの知性の状態と合理性のための道具立てにばかり、過度の関心を払ってきたことに気づく。それにはいくらか理由もあった。一寸見たところエリオットには通常でない所は何もなかった。彼は情緒に関しては確かに自制的であった。しかし、傑出した人、社会的に模範となるような人の多くは、情緒を自制できる人ではないか。エリオットは、場所がらをも弁えずに、笑ったり叫んだりすることはなかった。彼は悲しげでも、喜ばしげでもなかった。けれども、より探索的な分析をして見ると、何かが欠けていた。そして、A・ダメイジオは、これまで自分がこのことの基本的な証拠の多くを見逃していたことに気づく。

エリオットは、自分自身の人生の悲劇を、超然と、まるで自分がその事件から離れた所にいるように語った。彼は常に自己を抑え、場面を叙述するのに、まるで感情を殺して、局外者である見物人であるかのようであった。どこにも、それが彼自身の災難であるという感じがなかった。しかし、その災厄では彼自身が主演者なのである。もちろん、このように患者が冷静なのは、医者としての聞き手にとっては、都合がよい。しかし、エリオットが示す精神的なよそよそしさは、異常であった。エリオットは全く平静であり、彼の感情に何の抑制も加えていなかった。彼はリラックスしていた。彼の語りはすらすらと行われた。A・ダメイジオは、話をしているエリオットよりも、聞いている自分の方が、もっと辛かった、と言っている。

やがて、エリオットの無感情とでも言うべき姿は、A・ダメイジオ自身が行った観察からも、エリオット自身の説明からも、またエリオットの近親の人たちの話からも明らかになる。A・ダメイジオは、エリオットが自分との長時間にわたる会話中に、感情的ないし情緒的になったのを観察したことがない、と記している。日常生活においてもエリオットは、滅多に怒りを表さないが、たまにそういう機会があっても、怒りはすぐに静まった。エリオット自身が、病後自分の感情が変わった、と述べたそうである。かつては彼に強い感情を引き起こした話題が、最早全く反応を引き起こさなくなったのである。いわば彼は知ることはできるが、感ずることはできなくなったのである。

こうして、A・ダメイジオは、情緒や感情の減退が、エリオットの意思決定に一役買っているのだという可能性に思い至る。しかし、このことをはっきり示すためには、更に研究が必要であった。就中、エリオットの問題が、何らかの他の知的欠陥から、別の形で独立に説明できるという可能性が残らないようにしなくてはならなかった。そういうことを可能にするような知的欠陥が探索されずに残っていないようにしなくてはならなかた。

A・ダメイジオは、当時彼の学生であったポール・エスリンガーの助力を得て、エリオットに一連の道徳的な問題や財政的な問題を問うた。特に込み入った問題を問うたわけではないが、そうした問いに対して正常な答が得られたということは、注目すべきことであった。と言うのは、エリオットの実人生は、これら二つの領域において、違反ばかりしていたからである。実人生における失敗と、実験室における正常性との、この乖離を解くことは、また一つの課題である。これに対して、A・ダメイジオの同僚であるジェフリ・セイヴァーが研究したのは、実験室の中での一連の課題においてエリオットが社会規範と道徳的価値についてどう振る舞うかということであった。その結果、要するにエリオットには、社会的状況に対する反応の選択を見出し、個々の選択の結果を自発的に考察する能力があることが見出された。彼は、社会的な目標を達成するための手段を概念化することや、社会情勢のなり行きはどうかという予測、更には高度の次元での道徳的推論さえ遂行することができた。彼の前頭葉に受けた傷害は、彼の社会的な知識を、それが実験室の条件下で取り出される限りでは、破壊していないことが示されたのである。

これらの結果は、エリオットが既に実験室で示していた記憶や知能に関する優秀な結果とは足並みを揃えるものであるが、彼が実生活において示す意思決定の欠陥とは鋭い対照をなすものであった。これをいかに説明するか。

それを説明するものとして、まず、実人生と実験室とでは、課題の置かれた条件に違いがあるということが挙げられよう。実験室の中で設定された条件は、最初の、つまりもともと置かれていた条件だけである。しかし現実の人生の中では、行為とその結果が重々無尽に重なり合い、反応自身が新しい条件を生んでいく。実人生では、最初に設定していた以外の他の面からも反応が来る。そして状況は変化し、行為者（エリオット）は、新しい選択をしなくてはならなくなるであろう。更に、実人生と実験室との差異には、出来事の生ずる時間枠という問題がある。実験室では、この時間枠というものは、現実の場合よりも随分圧縮されたものになっている。実人生では、新しい選択をする必要などが生じたときにはなおさらそうであるが、いろいろな比較が必要になるため、登場人物や対象や場面などについての情報を、心の中に幾分長期にわたって保持しなくてはならない。さらに、実験室では、情報は殆ど言語化されている。現実社会では、視覚的な素材や言語的な素材が混在していて、その間にあって選択しなくてはならない。

確かに、実験には今述べたような欠陥がある。しかし、このことを認めても、事柄の解明には大きな進歩がここで得られた。すなわち、実験の結果が示したことは、エリオットの意思決定に関する欠陥は、彼の社会的な知識の欠陥にあるのでもなければ、そうした知識に接する仕方に欠陥があるのでもない、ということである。彼の欠陥はまた、推論に基本的な欠陥ないし損傷があるのでもなく、個人的・社会的な領域で意思決定するのに必要な事実的知識を作り出す過程に関わりのある記憶や注意力の欠陥によるものでもない。エリオットの欠陥は、推論の後の方の段階で、つまり選択や意思決定や反応選択をする段階で入り込むのである。それは過程の後部の方で起こる不都合なのである。彼は、ちゃんとした選択ができないか、または選択ということが全くできないか、悪い、ないし間違った選択しかできないのである。我々が課題を果たす際には、いくつもの選択肢が現れるが、我々はその中から目標を見失わず、刻々と適切に選択する。しかし、エリオットは、最早そうした道を辿ることができない。なぜか。A・ダメイジオは、次のように結論する。

エリオットとゲージとは、多くの点で共通している。彼らの社会的な面での行動と意思決定における欠陥とは、以下のような正常性と両立する。すなわち、例えば正常な社会的知識を持っていること、普通の記憶や、言語、基本的な注意力、基本的な推論能力、作動している記憶などの神経生理学的な高次の機能を保存していること、などと両立する。さらにエリオットでは、その欠陥は、情緒的な反応と感性における減退を伴っている。恐らく情緒的な欠陥は、ゲージとの場合もあったと思われるが、それを確かめる記録はない。しかしゲージの不快な言語使用や、次々と自ら悲惨な状態になっていった過程を見ると、きまりが悪いという感情を彼が欠いていたことは、推測できる。ゲージの場合、欠陥は、感ずることの消失ではないかも知れないが、どういう方向へ動くか予測ができないという不安定性という形をとっていた。さらに、彼らにおける情緒と感性とにおける欠陥は、社会的な行動における欠陥とたまたま隣り合わせで存在しているという類のものではない、と思われる。故障を起こした情緒が、彼らの欠陥問題に多分に関わっているのである。エリオットの推論における冷血が、彼が異なった選択には異なった価値を置くことを妨げ、意思決定という場面での風景を、どうしようもないほど手掛かりのない、平板なものにしてしまっているのではないか。その冷血が、彼の知的風景を、あまりにも早くうつろい、反応を選択するのに必要な時間に亘り保持することができないものにしているのではないか。換言すれば、その冷血が、基本的というよりは、もっと微妙な欠陥、つまり決定が生ずるために必要な残余の推論過程を変えてしまうような、作動している記憶における欠陥をなしているのではないか。(2)

「情緒は推論を乱す」というのは、古来言われてきたことであり、それには正しい点もある。しかし、以上において述べた事柄は、この伝統的な知恵の見落としている点を明らかにしているのではないか。ついでに言えば、A・ダメイジオの挙げている例は、自分の直接の患者であったエリオットの場合だけでない。A・ダメイジオは同様な例を他にもいくつか述べているのである。それゆえ我々としては、A・ダメイジオとともに、次のように言いたい。すなわち、情緒の減退も、その過剰と同じく、非合理的な行動の重要な因子なのではないか。情念の不在と、ねじ曲がった行動との繋がりは、理性というものの生理学的な機構について何事かを物語っているのではないか（ibid., p. 53）、と。A・ダメイジオは、こうして脳の当の場所（つまりエリオットやゲージの脳の損傷した部分）における損傷と、行動と認知とにおける混乱との、組織的な関連を、神経心理学的に究める作業に入る。しかし、その興味ある、また学ぶ所の多い研究を紹介することは、残念ながら今は控えねばならない。けれども、A・ダメイジオの著作について不当な扱いをしないためには、せめて次のことを付言しておきたい。

彼がその著『デカルトの誤り』で提言しようとしていることは、まず、

（1）「理性」は普通に思われているほど純粋な概念ではなく、また情緒と感性とは、理性という砦への侵入者ではなくて、それらは善かれ悪しかれネットワークに組み入れられていること。つまり理性は、情緒や感情などをその顕著な表現とする生物学的な規制の機構の導きの力なしには、恐らく発展しなかったであろうということである。そして、第二に、彼が明らかにしようとして

いることは、（2）感性の本質は、対象に付与される捉えどころのない心的性質ではなくて、特定の風景の、つまり身体の風景の直截な知覚なのではないか、ということであり、このことを彼は脳の神経的研究から究めようとしている。そして第三に、A・ダメイジオが明らかにしようとしていることは、（3）脳に代表される我々の身体は、我々が心の中で経験する神経諸過程が、不可欠とする言及枠組み（座標系）を構成している、ということである。彼は、このことを神経生理学的事実に基づいて論証している。彼に従えば、身体なくして理性は生じえず、また発展しえなかったのである。[3]

かくして、我々がここで、話を（1）に限るのは、A・ダメイジオの著作『デカルトの誤り』の紹介としては正当ではない、と私の言う意味が分かるであろう。しかし、私が彼の研究に乗っかって、ここで言いたかったのは、実人生、ないしは現実の生においては、知的な働き（意思決定ないし実人生における選択）が発動するためには、情緒や感性が不可欠であるということであった。感情や情緒を欠く理性は、アナリーゼはできるかもしれないが、パラリーゼを起こすであろう。これらの見解に対する、A・ダメイジオの神経学的裏づけについては、上記引用の書を読んで頂きたい。

2　社会的感情・道徳感情論（心理学的な知見）

以上において行ったのは、情緒や感じ、つまり広い意味での感情が、人間の態度や行為の決定において不可欠の働きをしているという主張の、経験的な立場からの支持である。（神経学的な証拠と、進化論的生物学とからの証拠）。ここ第2節では、更に問題を道徳的な事柄に近付けるために、人間のとる態度や行為の内で、より社会的な状況の中で起こる感情を取り上げてみたい。より社会的な状況というのは、他人の存在が入ってくるという意味である。他人が存在しなければ道徳問題は生じないであろう。そういう社会的な状況で生ずる感情を、シャフツベリの用語を借りて、社会的感情（social affection）と呼ぶことにする。ただしここで私は、彼が言う意味でこの語句を用いているのではない。

社会的感情としてよく引き合いに出されるのは、罪と恥（西洋の「恥」の観念と日本人のそれとは違うかも知れない。日本的な、あるいは武士的な恥は、「名を惜しむ」である）である。社会的感情はこれらしかないというわけではなかろうが、以下で社会的感情を論ずる場合、主としてこの二つを思い浮かべながら論ずることになろう。我々は社会的感情を認めることによって、道徳規範をいわば自然化した。

我々は既に、倫理学に関しできる限り自然主義的な立場を取ると言った。このことは、規範というものを超自然的なものから導き出さないということである。この点を今少し詳しく言うとどうなるか。ここで理性論と経験論との狭間にたって苦悩したロックの議論を聞いてみよう(4)。ロックは、道徳規則の種類を三つに分けた。第一は神の法である。これは更に二つに分けられている。すなわち一つは、啓示によるもの、つまり聖書に啓示された法であり、もう一つは、我々の理性に対して示される神の法である。第二は国法、いわゆる法律である。第三は、ある社会または国においてある行為は賞賛され、ある行為は卑しめられる場合で、「徳行」「不徳」などがこれに当たる。その基準は、「世論または名声の法（the law of opinion or reputation）」と呼ばれる。これはまた「哲学者の法（philosphical law）」とも呼ばれるものである。今我々は、法律を直ちには論じないとすると、すでに第一の法を我々の道徳と見ることを排除したのであるから、我々の考察の対象とする道徳規則は、ロックの分類を用いて言えば、第三の種類のものである。とすれば我々の規範は、我々の中から出てくるものでなくてはならない。しかも、それは我々の態度や行為に方向性を与えるものから出てこなくてはならない。しかし信念や知識は、行動の動機づけを与えるものではない。とすれば我々の道徳的規範は、我々の感情から出てくるものでなくてはならないであろう。我々はそれゆえ、規範は我々の社会的感情から出てくるものであると考える。もちろん、社会的感情がどのような内容を取るか、例えばどんなときにどのように恥を感ずるかは、文化と社会に依存しそれに相対的であろう。しかし、ある種の場面において、恥ずかしいと思う心的形態は、人間に普遍的なのではないか。

道徳感情説は、言うまでもなく新しい説ではない。道徳感情論、あるいは道徳感覚説と言えば、シャフツベリの他にも、ハッチソン、ヒュームやアダム・スミスの名がすぐに思い出されるであろう。ヒュームは、人間本性的な感情として、利己心や限られた範囲での寛大さ、ないし仁愛を認めた。人間本性という観念がまだ葬り去られていないとしても、我々は、それが具体的にどのようなものであるかについて、論断するだけの用意をまだ持たない。人間本性とはそも如何という問に対して、古来さまざまな意見が出されている。しかし、そのことには今は立ち入るまい。

ただここでは、道徳感情論について以下の指摘をして本章の議論を終えたい。

（a）目的合理性を人間本性の基本として持った人間像というものは、人間本性のモデルとしては不適切である。

（b）人間は全くの論理推論よりも、正、不正の形で議論する方が鋭くなる。

（c）道徳感情説における客観性の問題（共通の感情は限られた地域にしか成り立たないのではないか、という問いに対する答があるか）をどう扱うか。これはたとえばヒューム的道徳論の批判でしばしば提起される問題である。(5)

まず（a）について述べる。すなわち、目的合理性を持った人間像というものは、人間本性のモデルとしては不適切であることを示したい。

十九世紀に発展した社会科学において、人間のモデルとされたのは、いわゆる合理的人間であった。しかし合理的なといっても、これはデカルトが描き出したような意味での理性的人間のことではない。ここに言う合理的な人間というのは、人間の本性を自己保存にありとして、人間を利己的な利益追求を原理とする人間のことである。それは、いわゆる目的合理性によって行動する人間である。ここで問題とするのは、そのようなモデルはどういう意味で人間を描いていると言えるのか、または言えないのか、ということである。

この点についてブラックバーンは、極めて鋭い指摘をしている。ここでその粗筋を紹介したい。(6)彼は十九世紀的な「合理的行為者」について、次のような七つの特徴を挙げている。

1　行為者は目標を追求する。

2　これらの目標は、行為者が自己の利益であると見てとっているものである。

3　行為や振る舞いは、意識的な選択を含んでいるか、または含んでいるかのように機能する、なんらかの過程から生ずる。

4　個人が、社会の基本的行為者である。

5　行為者たちは、整合的で安定した諸々の選択をする。

6　もし選択をすることになる場合は、行為者たちは最高の効用が期待される選択肢を選び取るであろう。

7　行為者たちは、可能な選択肢と、その選択から生じうる諸結果についての行きわたった情報を持っている。

こういう考えで描き出されているのは、「経済的人間」である。こういう姿の人間は元来は、道徳的な質のものではないことは明らかである。けれども、それは近世において解放された欲望追求を是認し、推奨しているという点において、まさに現世的な性格のものでもあったし、それゆえに人の心を引きつけるものであった。しかも経済的人間は、物質主義的な十九世紀においては、その時代のもう一つのエートスである合理性の追求とあいまって一種の価値を有するものと見られた。更には、マクス・ウェーバーの言うようにプロテスタントの倫理が資本主義的社会の勃興に一役買っているとすれば、利益追求のための効果的な活動をするということが、道徳的価値のようなものを帯びて来たとしても不思議ではない。こういう発想を生む萌芽は、すでに前世紀（十八世紀）に生じていた。例えば、ダニエル・デフォーの『ロビンソン漂流記』が書かれたのは、十八世紀であるが、その意図は、人間が計画を立て合理的に行動して自己の運命を切り開いていく姿を描こうということにあったのではないか。とすれば、それは、「経済的人間」が一つの価値を表し、我々の追求すべき目標であると我々が思うものとなっていたことを物語っている、ということになろう。

しかし、人間は見込まれる自己の利益が最大になるように行動するという原理のステータスはなにか。それは人間の普遍的な性格を表したものか、特定の文化の、すなわち西欧の資本主義または、所有的個人主義の自画像なのか。

ブラックバーンは、行為者が「選択をすることになる場合は、行為者たちは最高の効用が期待される選択肢を選び取るであろう」、という原理のステータスの可能性として、次の三つを挙げた。(7)

(1) それは、もし真であるなら経験的真理であって、我々が現にあるさまを記述している。（こう解釈されたなら、それは、特定の予測を発するものである。それは、我々についての真理であるから、我々はあることをなし、あることを避けるであろう。原理が我々についての真理でなければ、我々は別のことをするであろう。）

(2) それは、もし真であるなら規範的真理であって、我々がなすべきさまを記述している。それは予測を発するのではないが、推奨（recommendations）を発する。それは行為の規則であり、例えば、「だまされやすい愚か者に仮借は無用」というようなものである。

(3)それは、もし真であるなら分析的または定義的なものであって、解釈をするための原理ないし基準線網目(グリッド)のようなものである。つまり、数学的な構造であり、熟考の経過を、それがどんな経過であるにせよ、数学的に扱いやすくするための工夫である。それは、したがって、予測も推奨をも発しない。

要するにブラックバーンは、この原理が経験命題か、「そうすべき」であるという価値命題か、それとも合理的人間ということの定義であるかという問を立てたのである。その答として彼が見出した答は、(3)すなわち、それは合理的ということの「定義」である、というものである。(1)でないという理由は、経験から明らかである。また(2)ではないという理由は、この原理は、自己破壊的だからである。すなわち、この原理に従って行為すべきだとされる理由は、幸福になるためであるとすると、この原理は自己破壊的である。幸福になろうとするものは、幸福になれない。幸福は「青い鳥」である。

さて、上記原理のステータスが(3)であるというブラックバーンの議論をここで細かく追うことは出来ないが、その議論は傾聴に値するものを持っている。彼がこういう答えを出したということの意味は、人間はなによりも自己利益を追求する存在だというのは、経験的な事実でないばかりか、我々がそのようにして利益を優先的に追求すべきだという主張には根拠がないということである。かくてブラックバーンの議論を認めるなら、人間の本質または根源的な特質は、自己利益の追求にはないということになる。そういう意味の合理性は人間本性ではないということである。

我々は、人間の行動、つまり生きる人間の根源的な在り方を支えているのは、感情、情緒などの感性にあることを既に見た。次に（b）について述べよう。

（b）人間は全くの論理推論よりも、正、不正の形で議論する方が鋭くなる、ということを示す心理学の結果を紹介したい。この結果の眼目は、人間においては（社会的）感情の方が推論能力よりも鋭敏に働くのではないか、という指摘にある。このことについて社会心理学からの事実をここで述べておこうというのである。以下に紹介する研究は、コスミーデスとトゥビィによるものである。(8) しかしこれはもともとは、ウェッソンによる結果に基づいたものであり、ここに紹介するのは、ウェッソンによる選択課題の研究結果のトゥビィとコスミーデスによる改訂版である。

これまで認知心理学で伝統的に前提されてきたことのうちには、次のような仮定があった。すなわち、人間の心（知性）は一般的な目的のための推論規則のみを備えており、その規則の数はごく少数であるという仮定があった。しかし進化論的な生物学が認知心理学に齎した情報は、この前提に疑いを抱かしめるものである。というのは自然選択は、進化論的に見て重要なと思われる種々の領域（協同、攻撃脅威、配偶者の獲得、病気を避けること、捕食者つまり侵害を加えてくるものから身を守ること、など）に関し特定化された知的規則を作り出したであろうと考えられるからである。異なった適応問題は、しばしばそれら問題にそれぞれ応じた異なった最上の解決をもっている。一般性に固執することはしばしば、問題解決の可能性そのものをすら犠牲にすることがあるであろう。

今、命題論理の推論規則を取り上げて見よう。これは一般目的の推論規則である。それは社会的な交換という状況での裏切り者を見出すことには役立たない。というのは裏切りと見なされるものは、論理的な取り決めを破ることではないからである。裏切りは社会的契約を破ることである。我々は、人々は裏切り発見に特定化された推論手続を持つのだという仮説を立て、それに注目しよう。

例を挙げてみよう。次のような契約をしたとしよう。

もし君が私に君の時計をくれるなら、私は君に20ドル払う。

if P, then Q.（記号化すれば、P⊃Q).

この契約を相手（君）が裏切るということは、「君が20ドルを受け取って（Q)、私に時計を渡さない（~P)」場合である（もちろん、「私が君の時計を受け取って（P)、私が君に20ドル払わない（~Q)」場合も契約違反である)。しかし論理的な観点からは、（P⊃Q）が偽になるのは、（P&~Q）のときのみである。それ故、論理の上では、（~P）（君は私に時計をくれなくて）であっても、（Q）（君は私から20ドルもらって）であってよい。つまり君はただ貰いしても、論理的には不都合はない。

しかし、実際の人間は論理的な違反でなく社会的な交換規則の違反に対して鋭く反応するのである。これはどういうことを意味するのであろうか。それは人間における適応を意味するのではないであろうか。

生物の適応というのは、その表現系の諸象面（aspects）が自然選択によってデザインされ意図づ

D	F	3	7
(P)	(not-P)	(Q)	(not-Q)

けられているということである。ある一つの象面が、適応かどうかを見るためには、それが適応問題を解くのに適していることを示す証拠を提出しなくてはならない。今の場合、我々は、社会契約を裏切る者を見出すために、よくデザインされた手続きがあることを示し、それがそれ以上に仮定を減らしては説明できないものであり、なんらかの認知過程の副産物ではないことを示さなくてはならない。このことを人間の推論について果たしてみよう。

ここでトゥビィとコスミーデスはウェッソン選択課題に着目する。ウェッソンの研究は、一九六六年に発表されたものである。[9] 実験で課される課題は、（if P, then Q）の形の仮説が、四つのカードに表示された事例のそれぞれにおいて破られていないかどうかを見るというものである（それ故、彼の実験は、「四枚カード選択実験」というような呼び方もされる）。

「もしある人がD等級であるなら、その人の記録はコード3と印されていなくてはならない」という規則に従って書かれた、学生たちの成績カードがあるとせよ（上図参照）。数字は文字の裏側に有る。

これらの学生のうちの誰かの記録が規則を外れていないかどうかを見るためにどうしても裏返してみなくてはならないカード（複数かもしれない）を指示せよ、というのが課題である。言うまでもなく、P&~Q のときのみ分類は誤りである

（Dのとき、3以外のカード）。

ウェッソン及び多くの心理学者は、爾来二五年間、この問題に論理的に正しい答をする者の数が少ないことを見出してきた。大概の人は、Pカードだけを選んだ。またPとQのみを選んだ。しかし、〜Qなら、表はPでないことを確かめねばならないはずである。

同様のテストが、現実の世界のある現象面を描いているさまざまな条件文について行われた。その結果分かったことは、扱われている事柄が、被験者にとって、よく知られたものであるかどうかは、あまり関係がないということである。「ボストンに行くなら、地下鉄に乗る」というような万人周知のケースでも、正解は四八％に過ぎない。因果関係についても、たいした変わりはなかった。しかし、課題が社会契約を表す条件的規則になったとき、結果は激変した。例えば次の文、

「ビールを飲むならば、二〇歳以上でなくてはならない」は、社会的契約を表すと見られる。つまり、ある条件（二〇歳以上）を満たせば、利得（ビール）をうる資格を持つ、という契約である。この問題では、正解者は七五％であった。

ビールを飲む	コークを飲む	二五歳以上	一六歳
P	not-P	Q	not-Q

この場合、not-Qカードと、Pカードを調べればよい。つまり、一六歳のものが何を飲んでいるか、

及び、ビールを飲んでいるものが何歳か、を調べればよい。Qやnot-Pのときはそれ以上調べる必要がない。

種々の実験が行われて、事柄の内容がさまざまに変えられたときに、どういう影響が有るかについて探究された。その結果、堅固で追試に耐える結果（内容が結果にどのような影響を及ぼすかについての結果）は、標準的な形式で表された支出と利得という社会契約の要求と認められる事柄を関係づけた規則に関してのみ、見出された。こうして次のような結論がえられた。

（1）社会的契約に関する推論を支配するアルゴリスム（計算基準を定める一連の規則の集まり）は、裏切り者を検出するように特定化された推論手続を含んでいる。

（2）それら裏切り者検出の手続きは、裏切りに対応しないような違反行為（例えば失敗）などを検出するものではない。

（3）社会的契約に関する推論を支配するアルゴリスムは、あまり馴染みの無い状況でも作動する。

（4）それらが具現している裏切りの定義は、人の採る観点や視野に従属する。

（5）それらは、社会契約の支出‐利得の関係での表現について勘案（コンピュート）する場合、どの立場の視野でも同じように正しく働く。

（6）それらは、規則が支出‐利得の関係での表現を与えられていないときには、裏切り者を検出するようには作動しない。

（7）それらは、コンピューテイションの理論（計算理論）で特定化されている手続きを具現している（例えば、「君は、もし利得を受け取るなら、君は費用を払わなくてはならない」は、「もし君が費用を払うなら、君は利得を受け取る資格がある」を、含意する）。

（8）それらは、利他主義を検出する手続きを含まない。

更に示されたことは、社会契約によって引き出された、高度に定型化された推論の遂行は、より一般的な目的のための（これまで提案されている）なんらかの推論手続きの副産物としては説明できないこと、である。つまり、次のような副産物仮説は除去された。

（1）事柄に馴染みが有るということが、社会契約 - 効果を説明しうる。

（2）社会契約の内容が、命題計算の推論規則を活性化しているだけである。

（3）社会契約の内容が、何らかの理由で、明晰な思考を促進しているのである。

（4）許可規制説（the permission schema theory）が、社会契約効果を説明しうる。

（5）ペイオフを含む問題は、違反者の検出を引き出す。

（6）命題論理や述語論理などの内容に依存しない形式論理や、義務論型の論理が、社会契約効果を説明しうる。

これらの発見は、次の仮説を強く支持する。すなわち、人間の心は、社会交換に関する推論にとって、適応である認知手続を含んでいるという仮説を。この構造は、人間全体にとって普遍的であろう。もちろん、どんなことを社会契約の内容とするかは、その社会が置かれた状況によって、つまり文化によって異なるであろう。その違いが、更には様々な社会の文化（道徳をも含めて）を構成していくであろう。人間性の普遍性と、人間ないし各社会の文化のそれぞれの個性とは、それ故、両立しうる。もちろん、この結果に対して反論して、アメリカでは正義感の涵養が他の国よりも厳格なのだという意見を出すものもないではない。しかし、我が国の大学生でも似たような結果が得られるようである。尤も反例を出している日本の心理学者もいるようである。

最後に（c）について述べよう。

（c）道徳感情説における道徳判断は客観性、一般性を持ちうるかという問題である。

その一つの問題は、共通の感情は、限られた地域にしか成り立たないのではないかという形を取るであろう。これは例えばシュニーウインドのヒューム的道徳論批判に見られる議論である。[10] これに対する反論としては、たとえばブラックバーンは、感情が一般性を持つということ、人の立場を汲み取れる共通の場を作りあげるということこそが、人間性としての開明性の理想ではないかと言う。実際、人類が全体として文明化するというのは、意見の交信を通じて他人の存在をも包含しうる立場を作り上げていくことであろう。それは、互いに相手や他人の感情と響き合うようなそういう感情を持てるようになるということであろう。この理想達成はもちろん一朝一夕にはできないが、それを目指して我々は努力すべきであろう。[11]

道徳感情は主観的であり、社会ないし文化に相対的であるという批判に対してはさしあたり答として次のことを言っておきたい。

（α）まず道徳命題の客観性については、他人の考えの自己内在化という事実があることを示唆しておきたい。これにより道徳感情は、単に主観的ではなくなろう。例えば罪と恥の場合を考えよ。ここで罪というのは、英語で言うsinでなく、guiltのことである。「罪」は、他人の怒りを前面に置くものである。つまりそれは、他人の怒りが正当であると私が感ずるときに、私が感ずるものである。またそれは、私が自己を弁護できないと感ずるときに感ずる情緒でもある。「恥」というのも「罪」に似ている所がある一つの道徳的感性であるが、通常は他人の怒りよりも、他人からのさげすみ、ないし侮蔑を内在している。恥じる場合、その消極的な形では我々は、恥じる自分を他人の視線から隠そうとする。「罪」と「恥」の違いとして大きな点は、

(i)「罪」では、我々が行為者として関わっている。我々が罪を感ずるのは、我々があることをなしたか、なし損ねたことによる。これに対し「恥」は、我々がその行為主体であるかどうか、という問題を必ずしも含まない。

(ii)「恥」は我々に、「隠さなくてはならないこと」を持たない」ことを求める。そして消極的な形では、「隠そうとする」動機を与える。しかし、「罪」は、「補償する」という動機を与える(事柄を正す、弁明するなど)。また、「罪」という感じは、他人が知っているかどうかに関わりなく、作用する。

(iii)「罪」は、典型的に他人の潜在的な「怒り」に関連している。「恥」は、他人の軽蔑やさげすみを予知する所に生ずる。(12) それゆえ、それは「恥なき」生き方を我々にさせる。もちろんこれら両者は、混在していることが多い。これらの感情を失うと、行為の動機が失われ、社会の解体を

招く。これはまた文化の中での教育の重要性を示唆していよう。

確かに道徳感情説には、伝統的に昔からこれに加えられてきたいくつかの批判が有る。しかしそのうちの一つである、道徳感情説は道徳の客観性をどのように示せるのかという問題に対し、既にヒュームが反論を見越して答えているところがある。それを考察するのは極めて有益である。

例えば『道徳原理の探究』においてヒュームは、普遍的な人間性を前提し、共通見解が生じうることを説いている[13]。それだけではない。『人間本性論』の第二巻において彼は、「共鳴」の機構に加えて、他人の視線を内化するという機構によって、自己の考えを客観化する考えを示している[14]。また付言するなら、これらは、恥や罪を感ずることを道徳的是認ないし否認の初期段階とする我々の考えと遠く離れるものではない。更につけ加えるならば、社会的法律（国際法をも含めて）の場合は、単に倫理的・道徳的でない要素をも含んでいることが多いのであり、その場合は、単に倫理的・道徳的な考察だけでなく、別途の考察をせねばならないことは当然である。しかし、またそうした社会的な、また国際的な法律でも、こうした社会的感情との連続性を指摘しうる場合が多いであろう。

それでは、別の方の批判はどうなるであろうか。つまり、「徳論的道徳」は、同質的な平和な社会においては受け入れることができようが、もっと多様で紛争を含む社会では不適切ではないのか、という批判に対しては、どう論ずればよいであろうか。

（β）道徳感情の社会ないし文化への依存については、気短な解決は存在しないかもしれない。しかし人生とは、いわば、そうしたものである。先程述べたように、感情が一般性を持つということこそが、人間性としての開明性の理想であろう。つまり人間が文明化するこの理想達成はもちろん一朝一夕にはできないが、我々はそれを目指して努力すべきであろう。

我々は、自由主義や個人主義をかなり普遍的な原理と見なしている。そう見なせる理由は、事実そうなっていることの他に、もし我々がそれら原理を否定すれば、我々は他人のみならず我々自身の存在上の営為の損壊をも招くという事実にかなりな根拠を持つ。もし私がこれらの原理を無視して他人を攻撃すれば、他人は私を攻撃するであろう。我々は自己の自由や人格をいとしく思う故に、他人の人格や自由を尊ぶという感情を大切にすべきことを悟るのである。ホッブズやロックの個人主義や自由主義が、近代英国という特定の場所、特定の時期に生じたものであるにも拘らず近代社会の普遍的価値というに近いものである理由は、このことにあろう。我々はこうした原理に沿う感情を育ててきたのである。そして逆に言えば、このような事実上普遍的というに近い価値感情を我々が現に持つゆえに、感情の普遍性と客観性を目指すことに我々は意味を与えうるのである。

確かに、感情の普遍性というこの問題には、即効薬はないかも知れない。しかし、我々は、人類には人間本性があるという風に考えてよいことを示しえたと考えている。その限りで人間の自然本性に基づく限りの共通理解は可能なのではないか。もちろん、他人の状況を、客観的に見ることはすぐに出来ることではない。しかし、敵ながら天晴れという感情は、可能なはずである。これはヒュームもどこかで指摘していたことである。それ故、我々は、普遍的な道徳の成立する範囲が存在すると言ってよいのであろう。しかし、現在のどこかの道徳が、多様な国際社会の全体に通ずる道徳的知識であると思うのは誤りであろう。キリスト教の道徳はイスラムの道徳とは完全に合い覆うものではないであろう。しかし、いずれにも社会的な違反者を憎む心の機構は存在している、のではないか。そしてまた、社会的国際的な法律についてはいましがた述べた考察をも思い出して頂きたい。

さて、(a)(b)で述べたことは、人間の本性は必ずしも自己利益の合理的追求にあるのではないこと、及び社会的な交換関係が人間の社会の中で重要な関係の一つであるとすると、そこにおいて人間は社会契約違反に対して鋭敏に反応することであった。後者の場合における人間の反応は、論理計算というよりも感情的反応に近いものであろう。そこに我々は、ヒュームなどの提唱する道徳感情論の見解に沿うものを見てとれる。人間の行動を導く反応は、まず計算することに有るのでは無く、感情的なものと言うべきであり、道徳的な是認や否認は、思考されるものであるよりも、感ぜられるものであると考えられる。それ故、我々は、以上の議論によって、道徳感情説に何ほどかの支持を加えたと思う。

以上第四章、第五章で述べた事実は、道徳感情論にとって強力な支持をなすものであろう。しかし、事柄を正当に扱うためには、我々はなお、道徳感情論について、それがいかなる意味で自然主義的であり、いかなる意味で単純に自然主義的とは言えないかについて、次章に述べておかねばならない。そして道徳感情論が道徳に関する諸々の説の中でどういう位置を占めるかをも最後に瞥見しておきたい。

第六章　道徳感情論の問題

1　いわゆる自然主義的な立場ということについての若干の説明

以上の議論により我々は、道徳感情論が倫理論の基本的に正しい方向であるという主張をかなり弁護できたものと思う。そこで本章では、道徳感情論の具体例としてヒュームの議論を念頭に置きながら、また、ヒュームの道徳論を倫理学的自然主義から区別しつつ、我々の考える意味での道徳感情論の素描を行いたい。しかし、それは先ず、道徳感情論における自然主義的倫理学的手続きの問題点を述べることから始めなくてはならないであろう。我々はヒュームの事実と価値の区別を認め、またG・E・ムアやフランケナの「自然主義的誤謬」の議論を承知している以上、道徳的性質を自然的性質で定義するというような企てをなすべきではない。しかし他方、我々は方法論的な前提を置き、道徳的命題についても、その真偽を論じ得るのである、と主張する。これは当然、我々が、ヒュームの道徳論が エモーティヴィズム (emotivism) であるとする解釈をも退けることを意味する。というのは、G・ハーマンの言い方を借りれば、エモーティヴィズムは一種の相対主義、ニヒリズムであり、道徳的命題について真偽を問うことを的外れとするものだからである。また二十世紀の後半において、道徳の言明のみならず、一般に言明についてその真偽を問うことの意味が疑問視された事実を、我々は知らないわけではない。私は今、パラダイム論が齎した行き過ぎのことを念頭において述べている。しかし私は、相対主義の立場を取らない。道徳感情論に立ちながら、エモーティヴィズムの主観主義を排し、道徳判断について真偽を論ずるということはいかにして可能であろうか。

ヘアー (R. M. Hare) の議論が最初に出されたのは、パラダイム論が盛んになる以前であったが、これはエモーティヴィズムの不備を克服するという意味があったと考えられる。しかしこの立場は、ヒュームの立場の基本的な主張を十分に汲み取っていない(殊に、その表出論を)。しかし、我々の方法論的前提は、道徳的な命題について真偽を論じうるというだけでなく、それをできる限り自然主義的に扱うべきだ、というものでもある。そして道徳判断は行動を促すもの少なくとも道徳行為に影響を与える力のあるものである、とも我々は考えている。この三つの方法論的前提は、ヒュームの立場に概ね沿うものであると我々は考えている。しかし、この課題を果たすことはいかにして可能であろうか。

先ず、道徳的判断や知識について真偽を問うということの意味から、考察を始めたい。主張や言明がなされている場合、それが真であるとか真でないとかいうのは、どういう類の評価がなされているのであろうか。これについて例えば、一応次のように言えるかもしれない。すなわち、ある言明が偽であるのは、その言明を主張する人が、ある事態が成立しその事態が一つの可能的な事態であると思っているとき、その人が間違った（誤った）ことを述べていると見なされるような場合である、と。このいくらか整合説的な基準は、真であるということの積極的定義ではない上に、「間違った（誤った）」という表現もかなり多義的である。けれどもここでこういう主張を取り上げておくのは、「誤っている」とか「正しい」とかいうことの理解こそが、道徳論の課題であることに注意を惹いておくためでもある。

主張の真偽という問題に明確に答える立場に、真理の対応説といわれものがある。対応説が真理という概念についての正しい理解であるかどうかを別として言えば、この説は、判断に、この世界における何らかの事態が対応するか否かで、その判断の真偽を決定しようとするものである。言うまでもなく、真理の対応説が正しいかどうかは、一つの問題である。それがなぜ問題になるかと言えば、言明に対応するもの、つまり事態とはいかなるものであると説明できるかが意味論上の問題となることにある。命題に対して、それ、または、その否定が真であるとなし得るようなあるもの、（事態）がある、という信念に立つのは、実在論といわれるものである。しかし仮にこのような対応説が正しいとしても、それは道徳的命題についてもなり立つであろうか。換言すれば道徳上の実在論は成立するであろうか。

道徳的実在論に対するよく知られた反対論は、道徳的命題の持つ特色は、ある事態が成り立つというような信念（意見）の持つ特色とは違うものであり別物だ、という議論である。それはさまざまな形を取りうるであろうが、その一つを言えば、ある対象についての価値評価的な信念（意見）は評価の対象に対して評価主体が持つ態度を含んでいるが、そういう態度は事態に何らかの事物ないし事柄が含まれているという信念または意見から出てくるものではない、という形のものである。つまり価値評価する主体の態度ないしスタンスは、そうした信念または意見の含意するものではない、とされる。しかし、この反論が成り立つかどうか、問題なのは明白である。なぜなら、事態に入ってくる事柄ないし事物が、「その物がよい」という信念（意見）であったとすると、「その物」に対する態度は変わるかもしれないであろうからである。

別の議論は、道徳的信念と意志の間の結びつきに着目して、道徳上の実在論に反対するものである。すなわち、道徳的是認は実践的な側面を持つと主張して、これによって道徳的実在論を否定しようとするものである。しかしながら、信念と意志とのこの結びつきは非必然的なものであり、その結びつきがいかなるものかを同定することは我々にはできないであろう。それ故にアクラシアの問題がある。

それでは我々は、道徳論上の実在論を承認すべきであろうか。そうではないと我々は考える。確かに我々は、道徳論上の実在論を支持するための議論を構築することを目標とはしていない。けれども我々は専ら論理の導くところに従うべきであろう。そして我々は、道徳的実在論を支える議論は十分ではないと見る。それゆえ、それを指摘すべきである、と考える。したがって我々の課題は、道徳論上の実在論に反対する上記の反対論を強くすることであるのではなく、むしろ道徳論上の実在論の成立を説明する方法の批判にある。我々は道徳的実在論を退けることに関心があるのではない。しかし、道徳的実在論を支える議論が、残念ながら十分でないことを、以下において指摘するであろう。

問題は次のことにある。すなわち、我々は道徳論の実在論を取らず、しかも、道徳命題についてその真偽を論じうると言おうとしているのであるが、一体、道徳的命題の真偽はどのように決定されるであろうか。この点について、最近の道徳的実在論が取る方策の一つは、スーパーヴェニエンス（supervenience）という考えの導入である。これは「付随して起こる」とか「付加的に併発する」というような意味の言葉である。しかし、以下ではスーパーヴェニエンスという言い方をする。

2　スーパーヴェニエンスという考えの分析

命題（道徳的判断）が真であるか偽であるかを問題とする場合、その命題に対応するのはこの世界における自然的存在や事態ではないことを認めつつ、自然主義から大きく離れないで道徳的な判断の成立を説明する一つの道は、スーパーヴェニエンスの考えを導入することであるとするのは無理からぬことと思われる。また、これはヒュームの考えていることに合致する様にも思える。彼の考えは、道徳的命題に同意することは何らかの事態の存在を信念として持つということ、ではないであろう。なぜなら、ヒュームによれば意志決定は、ある意味では、信念ないし事態についての知識すなわち理性の与える判断に関わらないのだからである。「私が自分の指に引っ掻き傷をつけることよりも全世界の破壊を選んだとしても、それは理性に反することではない。私が自分のまったく知らない一人のインド人のほんのわずかな具合の悪さを防ぐために、自己の全き没落を選ぶことになっても、それは理性に反することではない」、とヒュームは言う。しかし彼は、他方、我々は世界の中で判断し行為するのだ、ということを基本にしているであろう。自然は懐疑論を癒すものである。

もちろんヒュームのこの主張は、その評価がむつかしい。しかし、意志決定には信念つまりこの世界の事態についての判断が関わるということは、正しい意志決定にはこの世界の事柄についての信念（自然主義的信念）が関わりを持つということであろう。そして、このことが常に成り立つということの否定を、上記引用のヒュームの言は明らかに含意している。そうだとすれば、ヒュームが考えていることについて、次のことが帰結する。すなわち、行為に関する決定（意志の決定）を生むもの、したがって道徳的命題は、ヒュームによれば、この世界の事柄についての信念に関わらないものでありうるのであり、いわんやそうしたものには還元できないということが、である。つまり道徳的命題が真理であるかどうかは、何らかの事態が存在するかどうかにすべてが懸かっているわけではない、のかもしれない。心理的な事柄が物理的な事柄に還元できないことを示す議論としては、さらにデイヴィッドソン（D. Davidson）の『物質的心』における議論を引用することもできよう(1)。しかしながら我々の問題ないし課題とするところは、還元論を退けると同時にヒュームの道徳論をできる限り自然主義的に理解するという道を開くことにある。

道徳的考察の目的は、我々に我々の義務を教え、また、悪徳の醜さと美徳の美しさとを適切に表すことによって義務を果たすための習性を生み出し、我々が一方を回避し、他方を受け入れるようにすることにある、とヒュームは言う(2)。つまりヒュームによれば、それは、我々のスタンスないし態度に関わるものである。道徳的判断は我々の道徳的行為を促すものであろう。理性は我々の行為を促すものではない、とヒュームは言っている。しかしながら他方、もし道徳的な特性が、自然的な特性に追加的に、つまりスーパーヴェニエンス的に生ずる（supervenient）とか、ないしは、後追い的に生ずる（consequential）とかするのであるのなら、それは自然的な事態によって、あるいはこの世界の事柄についての事態によって、決定されることになるのではないか。その際我々は、専ら外在主義的な立場に立つことになろう。これはヒュームの道徳論における内在主義的側面を否定することになり、ヒュームにおける表出論を無視することになろう。ヒュームの議論は、内在論と外在論の両側面を含むものである。

この状況において我々の先ず論ずべき問題は、ある性質がスーパーヴェニエンス的に生ずる（supervenient）という考えは、果たして倫理学において用いうるであろうか、というものとなる。こういう言い方をする理由は、このスーパーヴェニエンスという考えは、倫理学だけでなく、心の哲学においても、しばしば用いられているものだからである。我々はここで論点を広げるつもりはないが、心的状態の物理的状態へのスーパーヴェニエンスと、道徳的特性の自然的特性へのそれとの異同について考察することは、我々の問題の解明のために有用であるかもしれない。

スーパーヴェニエンスという考えを道徳的特性に適用するという問題については、ブラックバーン(S. Blackburn)の精緻な議論がある。(3) 彼の結論は、この議論の道徳論における適用に対し否定的なものである。ここでは我々は、その議論に従うことにしたい。以下にその要点を述べておく。

スーパーヴェニエンスという考えは、いろいろな定式化があるかもしれないが、凡そ次のようなことである。

ある性質Mが、次のような諸性質$N_1, N_2, N_3, \ldots N_n$にスーパーヴェニエンス的(supervenient)であるのは、次の場合である。すなわち、Mはどの$N_1, N_2, N_3, \ldots N_n$とも同一でなく、またそれらの真理関数でもないとき、そして、Mである事物が、$N_1, N_2, N_3, \ldots N_n$のどれかが変わらないときには、Mであることを止めない(Mでなくなるのは論理的に不可能である)場合である。

すなわち、あるものの性質Mが諸性質$N_1, N_2, N_3, \ldots N_n$にスーパーヴェニエンス的(supervenient)であるというのは、そのあるものがMであることをやめるのは、$N_1, N_2, N_3, \ldots N_n$、のどれかが変化した場合だけということである。ただもっと細かく言うと、ブラックバーンは、倫理学におけるスーパーヴェニエンスという考えは、もう少し強くなければならないと言っている。それは道徳的な性質は、程度の差ということを容れるものでなくてはならないからである。しかしここでは、その点について深く入らない。ここではただ次のことに注意を引いておきたい。すなわち、スーパーヴェニエンスという考えを取る場合、自然的性質(自然の事物が持っているというふうに我々が認識する性質)において同一であるものが、道徳的価値において異なるということは許されない、ということに。

道徳的な実在論が自然主義的還元論であってはならないとするなら、それが取るべきもう一つの考えがある。それは、道徳的真理を持つということは、自然的な性質がどんなものであれ、またどんな程度においてであるにせよ、自然的性質を持つということに論理的に含意されるものではない、という考えである。つまり真であるいかなる道徳的命題も、その命題の扱っている事柄についての自然的な事実によって含意されることはない、という考えを少なくとも認めなくてはならない（これがヒュームの道徳論に沿うものであることは言うまでもない）。あるいは、これを少し言い換えて、次のような真なる道徳命題が存在するといってもよい。すなわち、真であるが、その真であるということは、その道徳命題が扱っている事柄に関する自然的性質によって含意されない道徳的命題が存在する、と。道徳命題についてのこの主張（命題）を、ブラックバーンに倣って（E）命題と呼ぶことにしよう（ただし彼が実際に（E）命題と呼んでいるものは、むしろ前者に近い形で表現されている）[4]。

ここでもまたいくらかの注意が必要である。ブラックバーンに従って言えば、この命題（E）で言われているのは、自然的性質と道徳的性質との間に含意関係がないということであって、それは両者の間にいかなる論理関係も制約関係もないという主張ではない。

彼は、この命題の意味するところについて細かな注意を述べており、G・E・ムアを念頭に置きながら、この命題は道徳的性質が自然的な性質と同一ではないという主張ではない、と彼はまず注意する。ブラックバーンはここで道徳的性質と自然的な性質との同一性を否定しようとしているのではない。というのは、二つのものの間の同一性は、論理的としてではなく事実上成立するものであることがあるからである。肝臓を持つものはすべて腎臓を持ち、その逆も真（つまり両者の外延は同じである）であろう。しかし、肝臓を持つことと腎臓を持つこととは同じではない。と言う意味は、肝臓を持つものはすべて腎臓を持つという同一性は、事実そうだという非必然的なものであるということである。自然的性質は持つが道徳的性質は持たない事態はいくらでも存在する。それゆえもし自然的性質を持つ事態が同時に道徳的性質を持つとしても、そのことによって道徳的性質を説明するためには、そうした自然的性質をもつ事態はどのような事態かを言わねばならず、問題は元に戻ってしまう。ブラックバーンの論点は論理的な次元のものであり、次のようなテーゼは成立しないという意味であろう。すなわち「ある性質Fが、ある性質GまたはGを成員として包含するようなある性質と同一であるなら、FaとGaは含意関係にある」、というテーゼには反例が存在するということであろう[5]。つまり、FはGにスーパーヴェニエントであると言われるとき、GであってもFでないような事例が存在しうるということであろう。もし、すべての道徳的命題が自然的な事実命題と同一であるなら、還元論的な自然主義的道徳論が正しく、道徳的実在論は意味を失う。また、（E）命題の主張は、必然的に道徳的性質の帰属の理由となるような自然的な性質は存在しないという主張でもない。ある自然的な性質Pがあって、ある事物がその性質Pを持つことは、Q（その事物がよいものであるということ）への信頼を増大させるはずのものであるとしよう。こういう性質は存在しうるであろう。しかしこれは、（E）命題の偽であることを帰結しない。なぜならそれは、Qであることを決定的に帰結するものではないからである。つまり、そう帰結しうるとしても、それは他のことをも考慮した上であろうからである。そしてまたさらに第三に、（E）命題は道徳的性質を帰属させる基準というものの存在を否定するものでもない、と彼は論ずる。こうして彼の出す結論は、（E）命題の重要性は、道徳的性質と自然的な性質の間に含意関係の存在するのを否定している点にある、ということである。これは、道徳的実在論を弁明するスーパーヴェニエンスの議論を破壊するものである。

3　道徳的実在論の却下とそれに替わる立場としての準‐実在論

この結論は、道徳論上の実在論にとって、いかなる問題を提起するか。少し先回りして言えば、今述べた含意関係が存在しないということからさらに帰結するのは、道徳論での実在論者が、道徳的命題を真であると言うために報告すべき事態の「かたち（shape）」がない、という結論である。道徳論上の実在論者は、道徳的命題の真理性は、ある事態の存在に懸かっていると言わねばならないであろう。しかし、上記含意関係の存在の否定は、道徳的な命題を真とする事態の存在が、自然的な状態に含意されるということを否定しているのである。これは道徳的実在論の否定を意味する。

ブラックバーンは言う。「今、Aというある事物があって、ある一組の自然的な性質と関係とを持っているとせよ。Aはまたある道徳的価値をもある程度持っているとしよう。その道徳的な価値を、例えば「それはよいものである」としよう。これは実在論者の立場に従って言えば、ある事態の存在を報告するものである。つまり、Aは「よい」という性質を持っている、という事態を。さて、Aは

「よい」という事態の存在は、Aがそのあらゆる自然主義的な観点において、現にあるがごときものである、ということに含意されるものではない。このことが意味するのは、これに関わりのあるすべての命題は非必然的なものであるからには、Aは「よい」という性質を持っているという事態は、Aが、そのあらゆる自然主義的な観点において現にあるがごときものであるということ、に含意されるものではない、ということである。すなわち、Aはそのあらゆる自然的な性質において現にあるが儘であるが、しかしこの事態、すなわち、Aは「よい」という事態は存在しないということが論理的に可能であるということである(6)」。

この論理的可能性は、Aが、そのあらゆる自然主義的観点において現にあるがままでありながら、Aがよいものであるという事態が存在しなくなるということの論理的可能性でもある。それゆえ自然的な事実の存在は、道徳的な事態の存在を、論理的には、保証しないのである。実在論者にとってこのことは、スーパーヴェニエンスというものの成立を否定するものではないが、その論理的条件を不明確にするものである。道徳実在論にとってはそれが偽であるということが、おそらく帰結する。

このことをブラックバーンが別のところで用いている具体的な例に従って言えば、たとえば我々は、「喜劇的」ということに対応する条件をすべて網羅しつくすことは不可能である、というようなことである(7)。網羅しつくすことが不可能であるという意味は、単に「喜劇的」と言われるケースの数とその特質の種類が多いという意味ではなくて、或る事柄が喜劇的であるための条件は、それらの部分的または選言的なものでもよいということをも含んでいる。のみならず、我々の反応は不安定である。

その意味で、喜劇的ということは「かたちがない（shapeless）」のである。ある事柄を喜劇的とする特質と、喜劇的という感じとの間には含意関係はないのである。

ブラックバーンが、スーパーヴェニエンスを再論した論文は、可能的世界論や様相論理を用いたもので、議論はより詳しいが、その論旨においては大差がないと見てよい(8)。要するに、それは、自然的な性質と道徳的性質とが相互に論理的な含意関係にはないということを論証して、同じ自然的な性質を持つものが同一の価値評価を受けない論理的可能性があることを示したものと言えよう。そこから道徳的実在論の偽であるということが帰結するという主張には変わりがない。それでは、いかにして道徳的な判断の真偽を扱い得るのか。

スーパーヴェニエンスの上述の実在論的定義には問題があるが、スーパーヴェニエンスという考えを全く否定できるであろうか。この考えを論駁することに、すべての人が喜びを感ずるとは思えない。しかし、とにかく今紹介した議論が示していることは、スーパーヴェニエンスの特色を説明するある仕方は、実在論的な考え方と折れ合わないということである。実在論なら、真なる命題に対しては、それに対応する事態の存在を必要とするであろう。少なくともそうした事態と呼ばれるものがいかなるものであるかを、理解可能にしなくてはならないであろう。しかし上に述べた議論が示したことは、そうした事態の存在が自然的な事実からは出てこないという問題であった。しかし、実在論者が、この問題を逃れるために、スーパーヴェニエンスの必要性を否定すれば、道徳的実在論にとって、道徳的真理というものは、たいした意味を持たなくなるのではないか。

ここでブラックバーンは、実在論に替えて彼の反実在論（anti-realism）ないし準実在論（quasi-realism）を提唱する。[9] その要点は、基本観念を、自然的事実についての信念から、行為者の態度に移すことにある。先ず、認めるのは具体的事実の存在である。すなわち我々は、ある対象を、それが持っている自然的性質の故にしばしば選択し、賞賛し、推奨し、欲求する、ということに問題はないであろう、と彼は主張する。この場合にも、もちろん、次のことは許されない。すなわち我々は、ある事物に対し、それがある性質をもつが故にある一つの態度をとるのに、それと同時に、その対象と全く同じ性質を持つ事物については、その態度をとらないということ、は。第二の場合に、その態度が取られないということは、第一の場合の態度が、これら二つの場合に共通な性質の故ではなかったことを意味するであろう。道徳的態度は、諸事物の自然的な性質の故に、つまりそれに対応して、取られるのであるとすれば、同じ性質をもつ二つの事物について、異なった道徳的態度を持つことは許されない。そういうことをすれば、気まぐれと道徳的意見を混同していることになるであろう。

ブラックバーンの反実在論ないし準実在論は、評価を含む行為の存在を認めることから議論を始める。これは、実在論の手続きを逆さまにすることであるかもしれない。それゆえ、もちろん実在論は、そういう手続きに満足しないであろう。しかし、ブラックバーンは、実在論を退けて、ヒュームの立場を弁明する。すなわち投射論ないし表出論とでも言うべき立場である。それは、道徳的な命題や行為を説明する場合に、道徳的「性質」ないし「事実」というものへの究極的な訴えを不可欠としない、つまり道徳の存在論を用いないのである。換言すれば、この立場では、道徳的な行為の説明は、中から外へという形で行われる。すなわち自然主義的に説明できる「態度」ということから発して、そういう態度を伝えたり、洗練したり、放棄したり、また、その態度に挑戦したりする言語行為の形式へ進む、という形で道徳的行為の説明は行われるのである。

4　ヒュームの道徳論の解釈

すこし乱暴に言えば、道徳的命題の表す道徳的な特性は、心の状態の表出したものだと見てもよい。しかしここに言う心的状態は、道徳的な行為を発する人において、その信念として既に存在するものではない。色々と分析、探索すれば、それはなんとか信念として取り出せるかもしれないが、それができるのは価値とは何かとか道徳的事実とはいかなるものかというようなことが、確定した後のことである。しかし今、私が言いたいのは、ここに言う心的状態が信念の形で取り出せるはずだ、ということではない。

ここに言う心の状態が理論的に扱われる最初は、態度ないしスタンスまたは行為や選択への欲求的状態ないし圧力としてであり、そうしたものを出発点とする。態度ないしスタンスは、自然主義的に理解され得るものであり、同時に、ある状況の特色に面して、或る反応をそれに対して行い、また選択するということを我々になさしめるという機能を持つものである。これらはブラックバーンやその他の論者が、投射論（projectivism）または表出論（expressivism）と呼ぶ立場である(10)。彼らの提唱する立場は、我々は心の基本的な状態を、外的な事物に、投射ないし表出する、というのである。態度、ないしスタンスは、価値に対する我々の傾向性に場所を与えるものである。道徳的な言語行為は、道徳的な態度ないしスタンスの表出であろう。このことは、道徳的な思考内容の、表面的な次元では何の問題も引き起こさない。そしてこれこそはヒュームの立場の現代版である。

既に引用したヒュームの言葉を思い出して欲しい。ヒュームは述べている。「前者（理性）は真偽の知識を伝えるが、後者（趣味）は、美と醜、悪徳と美徳の感情、を伝える。一方は、付加したり削減したりすることなく、対象をそれらの本性において見出す。他方は、或る産出能力を持っていて、内的な感情から借用した色彩を以てあらゆる自然的対象を美しく飾り、あるいは汚く汚して、或る仕方で、新しいものを創出する」。

これはまさしく、投射論ないし表出論の主張に他ならない。そしてヒュームが自然主義に立つというなら、ここにこそ、その自然主義があると言わねばならないであろう。

ヒュームのこの発想は道徳論においてのみ出てくるものではない。因果関係の理解においても同様に用いられている。ヒュームに従えば、我々の知覚する事態ないし対象をそれだけ単一に考察しても、知覚の時点を越えて世界が存在を続けることを保証するものを見出すことができない筈である。しかし我々は、過去に知ったことを未来に投射する。そこに世界のセメントがある。「精神は、自らを外的対象に押し広げる大きな傾向を持つ」と彼は言う(11)。

けれどもここで注意しなくてはならないのは、価値的な主張は、我々が自分自身の心の状態を語るものではなく、それは我々自身の心の状態が声になって出ているだけである、ということである。我々がいかなる道徳的価値を持っているかは、我々が現実にどういう反応や行為をするかということから、見てとられ説明されるべきことであり、我々が見てとっている（直観ないし知覚などにより）道徳的実在（そういうものが在りうるとして）により説明されるものではないのである。ブラックバーンの表現を借りれば、事物の道徳的特性が我々の道徳的感情（sentiments）の親なのではなくて、それらは道徳的感情の子供達なのである。

5　エモーティヴィズムの却下

かつてヒュームの道徳論をエモーティヴィズム（emotivism）と見る見方があった。それはいわゆる論理実証主義が道徳論に及ぼした影響であろう。投射論・準実在論の立場から言えば、評価的発言には、それに対応する自然的な事態が、いつも固定した形であるのではない。既に言ったように、たとえば、「喜劇的」ということに対応する条件をすべて網羅しつくすことは不可能である。のみならず我々の反応は不安定である。その意味で、喜劇的ということは、「かたちがない（shapeless）」のである。それゆえ、ここから評価的言語は、一種の叫び声ないし間投詞のようなものであるとしたくなるのは無理からぬことである。自然的には同じである事例において我々が異なって反応するとすれば、そういうふうに考えざるをえないのではないか。

これに対して、我々は、道徳的命題についてはその真偽が問える、と既に言ってきた。これは、つまり道徳判断の客観性というものを要求し得るのだ、という主張である。いかにしてこのことは言えるか。

まず我々は道徳的感受性を持っているという事実がある。そして我々は、状況において反応する。このことから我々は出発すべきである。もちろん、我々の反応は不安定で気まぐれのようなところがあるかもしれない（肥った人、太鼓腹の人への評価の変遷）。しかし我々は、一歩退いて反省することができる。そして我々自身の反応に対し、それを承認すべきか否か考え、或いは、自分が持っている事実的なことについての意見を基に、如何に反応すべきかに悩むこともできる。そのように悩み、反省することこそが、道徳論の存在理由ではないか。我々は我々自身の感じ方を改良することすらできる。我々は誰かある人が、自分よりもすぐれた感性で芸術を鑑賞するということを認めないであろうか。そのことを認めるなら、なぜ道徳においても我々はよりよき判断に向かって進み**うる**と言ってはいけないのか（これは少なくとも二つのことを示唆する。一つは我々が徳論的倫理学的考察をなす必要が生ずるということである。そして、もう一つは我々には道徳的な退歩の可能性もあるということである。それゆえ社会秩序の維持や、教育制度の整備が大切である）。

我々は、よき生に向かって進むという観念を、既に獲得している（もちろん、すべての人間がそういう観念を自己の価値としているかどうかは別だが、「よりよき生」というのはかなり人々に一般的な観念であろう。他人への寛仁という感情をたとえ限られたものであれ、我々が持っているのと同様である）。これが道徳論の入口であろう。そして、道徳論は、我々人類が群棲的動物として、つまり社会を形成して生きるということを選んだことから、生じたものであろう。一群をなして生きる場合、そこでは皆が対等の権利を主張するのが自然であるという方向に人間は進んだ。それゆえ、そこでは正義の観念、つまり同じと思われる事態に対して異なった反応をすることは不正義であるという基準が生まれたのではなかろうか。正義についてこのように考えることは、現在の進化論とも相容れる。そのことは例えば、アクセルロッドなどの研究が示しているところであろう[12]。しかも我々は、道徳においても、科学の場合と同様に、我々はより良き判断に向かって進みうるのだと言っていけない理由を見いだせない。

我々はもちろん、道徳論を自然主義的に扱いたい。しかし、道徳の実在論を否定した我々には、道徳的特性を表す事態が自然的な特性として存在する、と想定することは許されない。道徳的特性の世界は、自然的事物が作られたり作られなかったりするこの世界に存在するものではない。道徳的特性は自然的特性ではない。それは第二性質のようなものですらない。「桜の花は白い」と観察者が言えば、その観察者が誠実であるとする限りは、それはなぜ白いかと問い直すのは、その問いが次元の違う問い、すなわち例えば科学的な問いでないなら、意味がない。人々が、それは「白い」といえば、それは白いのである。あるいは、白いものは人々が白いというものである。しかし、我々が「人を残酷に扱うのは間違っている」という場合、それはなぜかと問うことには意味があるであろう。道徳感情は感じではあるが、感覚のごときものではない。それゆえヒュームが『人間本性論』における道徳感覚という言い方を、『探究』において道徳感情と言い換えたのは適切であった、と言わねばならない。

かくして我々の議論が正しければ、道徳論を自然的主義的に扱うことは、道徳的特性を自然的な性質と見ないことによって可能になる。

残酷がなぜ間違ったことであると我々は考えるのか。それはそこには、恐ろしいことと我々に思わせる事柄があるからである。しかし、道徳的な性質を我々は或る種の感覚で感ずるのではない。道徳的事実は、自然的事実のように存在するのではない。我々が、残酷は間違っていると言うのは、そうであると思う我々の反応である。しかし、残酷が間違っているのは、それら我々の反応の故にそうなのではない。もちろん我々は、何が正しいことかという議論を、そうした反応を基にしてそこから始めるであろう。しかし、残酷が間違ったことであるのは、それらが我々の反感を生み出すが故ではなく、反感を生み出す事物ないし事柄が存在するからである。というのも、我々は我々の反応の在り方について、それが正しいかどうかを問題とすることができるからである。いかなる反応が正しいか。それを言うための議論は我々が構成せねばならない。実在論がもし成立するなら、我々は実在しているその性質（例えば道徳的特性）を直観ないし知覚すれば、道徳判断は可能になる。しかし実在論が成立しないならば、我々は、知性を働かせて道徳的立場を構成していかねばならない。それゆえ我々は、我々の道徳的立場を改良できるのである。もちろん、それは、ノイラートの船のように、航海を続けながら船を直していくという作業を行うことを必要とする。我々は感じ、また感じ方を変えていかねばならないかもしれない。そしてそれを通じて我々は、真理について斉合的な立場を構成し、道徳的真理を目指して進まなければならない。

なお、ここでついでに補足すれば、我々の立場は、単に内在的ではない。道徳的判断には、外在的な理解が可能なのである。このことは、我々が先に言ったこと、すなわち「残酷がなぜ間違ったことであると我々は考えるのか。それは、そこには、恐ろしいことと我々に思わせる事柄があるからである」ということが含意している事実である。そしてこの故に、ヒュームの道徳論は、道徳的性質を自然的性質に還元しはしないが、なお自然主義的であるといえる理由の一つが存在する。

けれども我々の到達したところは、道徳的性質が自然的性質であることを否定するものである。道徳を自然主義的に扱うことは道徳的特性を自然的な性質とすることを否定することにおいてのみ成り立ち、それがヒュームの立場だということは何か皮肉のような気がしないでもない。

第七章　「よきこと」、「正しきこと」は客観的に定まるか

1　価値評価の客観性について

以上で論じて来たことは、（i）我々が自然的経過の中でいかにして道徳的な評価をする存在になったかということの理解、及びその一環として、我々が行為を決定するには、感じないし感情の介入が必要であることの基礎となる経験的事実があること。また（ii）その事実は、我々の取っている道徳論の基準に照らしても、道徳感情論のかなり決定的な支持であること。そしてさらに、（iii）道徳感情論が道徳的特性の自然的性質であることを否定しつつ、それがエモーティヴィズムのような単なる主観主義ないし相対主義に陥らないための配慮はいかなるものか、という考察であった。

これらの議論が示しえたのは、事実としての道徳感情論の成立である。しかし我々の道徳的判断の

方向を決めるものが感情であるという道徳感情論が成立するということは、そうして表明された評価の方向が正しいものであるとか、その意見に基づく行為が正しいものであり道徳的によい行為であるとかということを、直ちに含意するわけではない。我々の議論は、そうして決定された評価や行為が客観的に見て首肯されうるものかどうかについて、むしろまだ何も言っていないに等しい。それゆえ我々は、道徳感情論は道徳判断の客観性を保証しうるかどうかについて、いくらか論じなくてはならない。しかし、そのために先ず吟味すべきは、判断に介入する感情が道徳的であると言えるためには、その感情にどのような要件が備わらねばならないのかということである。

このことについて想起して欲しいのは、すでに第五章で論じた、罪と恥の議論である。我々はその際、自然化された規範としての罪と恥に言及しておいた。我々の恥や罪の感情は、我々の我々自身に対する態度を定位する働きを持つ。勿論それらは、我々の自己自身についての感情だけでなく、多分、他人に対する怒りや軽蔑、尊敬や愛情をも含むであろう。しかしとにかく、我々のある種の感情ないし情念は、我々自身の客観的な態度の定位に貢献する。そしてそれら感情は、基本的な点（すなわち人間本性の幹というべき部分）に関しては、すべての人類に共通であり、同じ対象には一般的な同意をなすように薦め、そして、すべての人あるいは大概の人々を、その対象に対する同一の意見または決定に同意させる。ここで、「ある種の」という限定をつけるのは、貪欲や野心、また虚栄や通俗的に言われる意味での自愛（self-love）は、道徳の起源に関する我々の議論から除外されるであろうからである。

かくして我々は、我々の在り方に道徳的色彩が付される仕方の一端を理解した、と言えよう。すなわち、表出する意見の色彩がどのようにして付けられるかを理解した、と言える。しかし、道徳判断の客観性に関しては、どう言えるであろうか。つまり、その色彩がしかるべきものであり、万人が肯定する着色であり得ると、どうして言えるであろうか。このことについては、しかし、ヒュームやアダム・スミスの道徳感情論がすでに論じている。我々は、その議論を考察すべきである。そうした議論はいかなるものかを、例えばヒュームについて言えば、彼の『道徳原理の探究』で述べられている、人間に「共通な観点」という考えが、それである。(1)

我々が人を、敵や競争相手、反対者などと呼ぶ場合、それは自愛の観点に立った言語で語っている。しかし、我々が人を悪徳であるとか邪悪であるとか、または憎むべきであるとか、堕落しているとかいう場合は、共通な観点に立って語っているであろう。我々はその際、聞き手も我々の立場にすべて同意する筈であると期待する感情を表出しているのである。つまり我々はこの際、我々個人の特殊的な状況を離れて、我々と他人に共通な観点を選んでいるに相違ない。

ある人の人間性はすべての人の人間性である、とヒュームは言う(同上)。そしてまた、人間性から生ずる諸感情は、あらゆる人間性において同一であり同一の是認または否認を産出するだけでなく、あらゆる人間を包括する。すなわち、いかなる人の行為も性格もそれら感情の対象となることを免れない。これに反し、通常利己的と称される他の感情は、各人にその特殊状況に従って異なる感情を作り出し、人類の大部分を極度の無関心と無頓着で以て眺める。しかし我々は、我々の利己的な視点から離れた観点に立ちうる。そのことの証拠としてヒュームは、我々が「敵ながら天晴れ」という感情を持つことを指摘している。また、歴史上の人物についての我々の評価行為も、それが賞賛であれ非難であれ、同様な証拠となりうるであろう。歴史上の人物は、我々の個人的利益には関わりを持たない。

自己の立場を他人の観点から吟味することは、ヒュームやアダム・スミスの道徳感情論の独創ではない。彼らの新しい点は、「社会的側面」の強調にあった、とブラックバーンは指摘する。(2) ストア主義者殊にキケロ、またカルヴィンは、自己吟味の必要を強調した。そしてこれらは近代の思想家たち、殊にヒュームに影響を及ぼした思想である。このことをヒューム自身認めている。道徳感情論はしかし、自己吟味とは他人の眼差しの自己への内在化に他ならぬ、と考えた。この内在化の議論は、ヒュームにもアダム・スミスにも見られる、とブラックバーンは言う。(3) 彼によれば、内在化は四つの段階を以て行われる。第一は、例えば我々は、他人の何らかの性質を愛する。それはそうなるような教育を受けて我々は育っていることによろう。第二は、共通な観点の存在である。これが愛を尊敬に変え、またその逆をも行う。第三は、こうした観点の自覚である。第四は、こうしたことから我々は、自己充足や誇りを、またある時には、恥や気詰まりを感ずる。(4)

しかし、ブラックバーンによれば、第一段階に関して、ヒュームとスミスには違いがある。ヒュームはより結果論的であり、ある性質が我々自身か他人にとって、有益であるか好ましいかによって、その性質を愛するかどうかが決まると考えたが、スミスはこの考えから距離を保とうと考え、共感的な想像力の働きに専ら訴えようとした。このいずれの立場がよりよく事柄を解明している立場か。それについて、ブラックバーンはいくらか述べている。それによれば、スミスの方針は、ヒュームの人為的徳、例えば正義についての議論の含む危険な規約主義を避けるために取られたものであろうし、その方針に従ってスミスは詐欺や不正などの悪しき動機を直接理解するよう訴えることができたが、他方彼は、我々がなぜ詐欺や不正を行う動機には尻込みを感ずるのか、を説明できないのである。しかしヒュームは、我々がなぜある行為や性格を賞賛し、なぜそうでない行為や性格を賞賛しないかに関し、なにがしかの説明を与えうる立場にある。

かくして、いずれにせよ、我々がしかるべく社会化されているならば、自分の行為が他人の公平な偏らない吟味に耐えないものであると自覚すれば、我々は不愉快となり、そこから自己改革の門が開かれるということになる。このことを逆に言えば、人の「ほほえみ」や「しかめ面」に対応できない子供は、人間的な生から締め出されていることになる。自意識そのものが、他人の反省的な眼差しへの感受性を必要としているのである。かくして道徳的な正しさは、人々の意見によって定まるということになる。

しかしながら此処に難問がある。というのは、一つには人々の意見は、流行のようなものでありうるからである。つまり、それは、変遷するであろうし、相対的でしかないのではないか。また他方、他人の眼差しを自己に内化することは、他人の同意や賞賛を求めることではないか。けれども他人の同意や賞賛を求めることや名声を求めることと、本当の徳を愛することとの間には、越えられない懸隔がある。徳を愛することと、名声を求めること。この二つは別物であろう。我々は名声や賞賛を求めるのでなく、名声や称賛に値する人間になるべきである。しかし、そのためには我々が、名声や賞賛によって動機づけられるのではなく、名声や称賛に値する人間になろうという欲求により動機づけられねばならないのではないか。我々はこのような人間であることができようか。さらに第三の問題としては、ここに述べた他人の意見の内化ということは、ひとつの共同体の中での個人については言えるかもしれないが、国家対国家、社会対社会、文明対文明という次元では成立しないのではないかという問題がある。国と国の利害が対立する場合、道徳的な配慮ではなく、利害の力学が適用されるというのは、我々の周知の事実である。

ブラックバーンはこのような問題が起こることを勿論承知している。[5] ここで我々は彼の勧めに従って、先ず（1）いくらか楽天的になることにしたい。というのも我々はこれまでの人類の歴史を振返ってみる時、立派な人間を少数ではあるが実際持ったと考えうるからである。それゆえそういう事実に依存して、我々は、人間本性に関して、いくらか楽天的になってもよいのではないか。しかしこのことは、勿論、これまでの我々の社会にひどく悪い人間がいたという事実を否定するものではない。我々の社会にはこれまでにもひどい人間がいたことは事実である。これからもそういう人間は現れてくるであろう。我々はヒュームの言う「怜悧な悪者（sensible knave）」を現実に持つ。[6] しかし、もし我々がすでに、何程か他人の苦楽に共感しうるという本性をほんの僅かでも持っているとすれば、たとえ個々の人間は特別有徳ではないとしても、人類全体として見れば我々は、本性的に他人の喜びを増進する行為を推奨しうる存在にもはや成っているのではなかろうか。というのも、そのことは論理的に矛盾を含まないばかりでなく、実際我々は、共感ということを人間本性的なことだと思うように、すでになっていると思われるからである。そして、人類は、「よりよく」生きるということを目指すスタンスを事実すでに獲得している、と言ってよいのではないか。もちろん、そういう意識からは全く無縁であるように思える人間も存在しているが、それは「よく生きる」というスタンスを人類の誰かが、そして望むらくは大多数が、獲得したことを否定するものではない。

我々の意見は変わりうるものであるのだからと言って、我々はそれを嘆くのではなく、まさにそれ故に我々は、よりよき意見を持つよう努力していかねばならないと悟るべきである。

次に、(2) ブラックバーンは、さらに鋭い指摘をしている。すなわち、我々がよき行いをするのは、他人の賞賛を獲得することを意識的な目的とするのではない、と彼は言う。これはもちろん、そういう人物が存在しないという意味ではない。そして、このことを理解するために、次の二つを区別せよ、と彼は示唆する。すなわち、人類の行為の説明のための視野と、行為のための思慮の視野、つまり行為する我々の実際の心理の構造とを区別せよ、と彼は言う(7)。

我々の行為動機の「形」の説明は、快を増進し苦を避ける行為を推奨するがその反対の行為を嫌悪するというメカニズムによって行いうるが、このことは、そうした動機の構造の中に、賞賛を求める欲求や非難を逃れようという欲求が姿を現すということを意味する訳ではない、と彼は言う。我々がそうした賞賛や非難についての感受性をもっているということは、我々の心理がそうした賞賛や非難を要因とする心理構造をなしているということとは、別のことである。確かに我々の諸々の行為は、それらを長時間にわたって通時的に考察すれば、そうした賞賛や非難によって影響を受けていると見うるものであるが、行為の際には、つまり行為をその行為の時点で見れば、大概の行為は賞賛や非難を目的として為されるものではなく、そうした意識を表面化させてはいない。勿論、それは背後にあって、行為について我々が評価を与える力に与かっているかもしれない。けれども、もし我々の子供が褒められることのみを主な目的として行為するようになったとしたら、その子供は教育の失敗作である、と我々は考えるであろう。繰り返して言えば、我々は、個々の行為の事例において、賞賛を求め、非難を回避することをいつも目的意識として持っているわけではない。むしろそういう人を非人間的であるとさえ思うであろう。ただ事柄を長い経過で見れば、人間の行跡は、そうした概念によって説明することができるような形を持っている。こうした事態の消息は、人為的徳である正義の規則は、それが持つ社会的効用によって設定されたものではないとしても、後から見ればそうした効用を持つものとして、その成立が説明できるのと同じであろう。(8)

賞賛や非難に関わる我々の心理は、賞賛や非難を我々の直接の目標とするのではなく、協同的な事柄を果たすことに向かい、不誠実や不正を避けることに向かうべきであろう。我々は、賞賛や非難などという「徳の贋物」を目指すのでなく、「真の徳」を目指すべきである。ロックのいう「世論または名声の法」は、このことを弁えた上でなら、単なる「流行の法」として慨嘆されるべきものではなく、我々が真の有徳な人間であるために不可欠の要因となりうる。(9) むしろ「世論または名声の法」を我々が有するならば、そして我々がほんの少し他人への仁愛を自然本性的に持つとすれば、そして同時に、我々の健全な利益に対する長期的な配慮が存続すると仮定できれば、我々は他人に対する「配慮」や「共感」または「やさしさ」を益々拡大していけるのではないか。この議論は、勿論、仁愛が自然本性的に我々になにほどか備わっているということを仮定している。しかし、限られたものではあるが我々が仁愛の心を持つということは、ヒュームがホッブズを批判しながら、我々人間の本性として認めた人間に関する基本的事実であった。

勿論、悪党の集まったクラブというものも可能である（あるいは現実にある）。我々の現実の世界は益々悪くなるということもありうるであろう。人々は悪徳を賞賛し、徳ある行為を嘲笑するようになるかもしれない。悪者は、協同的な作業の中で自己の役割を回避しフリーライダーになりたがるであろう。しかし我々の「世論または名声の法」はそうした状態を遺憾とし、非難する。悪徳の人の集まりが私的なクラブなら我々はそのクラブに入らないであろう。それが国家や社会の次元のことなら、我々はそうした集団の力や凝集力をそぐべく可能な最大の努力をしなくてはならない。嘘をつくことに良心の呵責を感じない人や、「世論または名声の法」を心の中の声として持たない人は、正常な社会人の持つべき心理を持っていない。そういう人間が、ヒュームの言う「怜悧な悪者」である。それは、自己利益になることなら何でもする人間である。それは、他人の軽蔑を自己に内化するメカニズムを欠いている人たちである。こういう人間たちの集まった社会が、悪徳の社会というものであろう。

この「怜悧な悪者」に対する、二つの際立って違うタイプの議論がある。一つは、プラトンやカントが提出した議論である。もう一方の立場は、ヒュームやアダム・スミスの立場である。前者の立場は、怜悧な悪者は結局非合理的だと論定するものである。その主張が言うのは、理性がしかるべく人間を支配するなら、人間は真理や社会秩序や道徳法や他人を尊重し自己利益を犠牲にするであろう、ということである。これに対し後者は言う。怜悧な悪者に欠けているのは、正常な心ないし欲求である、と。それによれば、怜悧な悪者には、我々が他人の中に見出したなら賞賛し愛するような諸性質を自分も持とうと希求し、またそのような行為を遂行しようと希求するという、心が欠けているのである。それゆえ、悪者に欠けているのは、理性ではなく正常な欲求であり、感情である。[10] 悪しき格律（pernicious maxims）におのが心が反抗しない人は、徳への動機が大きく欠けている、とヒュームは言う。[11] つまり、間違ったことをする人間や、配慮の足らない人間における欠陥は、理性にあるのではなく情念（passions）にある、と言うべきなのである。

ブラックバーンによるプラトンやカントの立場とヒュームやアダム・スミスの立場との比較論考は示唆に富みまた有益であるが、議論が本来の筋をあまりにそれることを恐れるので、ここでは両者の理性概念（従って意志概念）が基本的に違うということに注意を引くに止めておきたい。言うまでもなく前者では理性が情緒や情念を支配し、後者では情緒ないし情念が理性を支配する。ヒュームの立場では、「慎重でない（imprudent）」を「道理を欠く（unreasonable）」と同一視するのは、「理性（reason）」という言葉の適切な使用ではない。[12] 慎重でない人の問題点は、むしろ意志か情念の欠陥にある。手段を目標に併せて調整し損ねた人ですら必ずしも道理を欠いている訳ではない。行為決定で優位に立つのは情念か理性かという点を、上記第三の問題（主観性・局所性の克服）に即して考察すれば、カントやプラトンの立場の方が手っ取り早く素早い答えを与えるのかもしれないが、それは正しい答であろうか。ちなみにブラックバーンは、国際間の次元における道徳も人類社会の相互批判により同じ方向へ向かって収斂していくことが可能であると考えている。しかしこの点の議論には今は立ち入らない。

これらの議論は明らかに、意志や理性という概念についての理解の違いに、その食い違いの原因を持っている。極めて乱暴に簡単に言うと、プラトンやデカルトでは、理性が情念や情緒を支配し統制する。しかし、よく知られているように、ヒュームでは、理性は情念の奴隷であり奴隷であればよいのである、とされている。理性は行為の齎す帰結を教えるだけである。したがってヒュームにおいては、慎重でない行為は理性の欠陥によって起きるのではなく、情念の欠陥によって起きるのである。そして、これこそがまさにヒュームの洞察である。もちろん我々は行為の目標について評定しうる。しかしヒュームにおいては、ある価値と別の価値を比較し商量するのは、理性によるのではない。一つの価値は端的に理性によって評価され取捨されるのではなく、他の価値と比較することによってのみ取捨されうる。ある価値が、私の持つ唯一の価値なら、私はその価値を批判することはできない。ただ我々は誰しも、そのように単純な心を持っていないだけである。

ヒュームに従えば、理性の仕事は、状況の大事な特色を把握し表現することである。そして我々はそれに基づいて状況に反応するのであるが、その反応はいわばダイナミックであり、我々の情念ないし感受性によって方向づけられている。この構造が声になって出てきたものが我々の倫理的な意見である。それが告げているのが、今為されようとしていることであり、感じられたり避けられたりされようとしていることである。道理ある仕方で行為するというのは、虚偽の前提に基づいて行為しないということであり、行為が他人の意見に一致するよう、つまり共通な見地からの吟味に耐える形にするというのが、道理ある解決というものであろう。すなわちここでの「道理ある」という観念は、無知とか、状況を理解しないとか、近視眼的であるとか、共通観点への関心が欠けているとかいった様々なことから、天晴れ自由であるという意味であって、欲求や情念への服従を超越した意志を持つということではない。欲求や情念への服従を超越した意志というのは、プラトンやデカルトやカントの意志の概念である。

我々はカントのような意志の概念の理解に共感を持つところが多い。彼によれば、法というものは我々の外にあって、我々をその自然的欲求を越えた次元から、我々の選択によらない仕方で、我々の在り方を規定するものであろう。そうした法は、個人を越えるばかりでなく、共同体の経験的な取り決めをも越えるものであろう。そこでは、我々は何を為すべきかは普遍的な仕方で原理的に決まるとされる。それゆえ、もしそうした考え方が我々の個々の具体的な行為の決定に有効であるなら、極めて魅力的である。カント的な理性による統制が我々の行為をすべて解決してくれるなら、我々はそうした考えに従いたく思う。しかしカント的な理性、オーケストラの指揮者的理性は、アクラシアの問題を解決できたであろうか。彼の定言的命法は、我々がいかなる具体的な行為をするかについて、十分な指示を与えてくれるであろうか。他方、ヒュームの道徳理解は、情念（passion）に基づくものであり、道徳的な考慮は能動的な理性によるものではない。その際、理性の働きは否定されているわけではないが、それは目的達成のための忠告をするだけである。道徳的な意見の選択は、諸情念自体が状況を睨みつつ受動的（passive）に定まる形を取る、とされる。それは音楽に喩えるなら、指揮者なしにお互いに音を合わせる邦楽のやり方に似ている。私は邦楽が特に好きなわけではないが、ヒューム的な道徳論が正しいとすれば、道徳のありようは邦楽演奏的なのだと思わざるを得ない。

2 ヒュームにおける意志概念について

近世の認識論の主流が観念説の上に展開されたものであることは、周知の事実である。いわゆる合理論も経験論もともに、観念説に基づいて議論を展開した。勿論、経験論と合理論とでは、観念に付与する身分が異なる。合理論においては、デカルトに見られるように観念は明晰判明なものであり、いわば神が人間の知性の中に真理の種として植えつけておいたものであった。経験論者の観念は、とにかく感覚から由来するものであった。

近世の経験論の認識論を確立したのはロックである。彼の思想が、英国においてスコラ哲学に代わる新しい哲学の流れを生み出した。しかしロックはデカルトの影響を受けて、その新たな認識論を展開したのであった。それゆえ近世の合理論と経験論が、観念説を共通の考えとすることに不思議はない。ヒュームもハッチソンも、ロックの認識論を受け継いだ。

しかし、このような一般的理解には少し修飾を加えるべきである、と私は考える。すなわち、ヒュームやハッチソンは、認識論において確かに観念説に従ったかもしれないが、彼らの心の哲学は、デカルトやおそらくはロックの考えと全く異なるものである。このことを此処で示しておきたい。これは前節で述べた、ヒュームと合理論者たちとでは、意志や理性についての理解が異なるということを説明するための補足である。

デカルトは、彼の『情念論』第一部十七節（「精神の機能は何か」）において、精神の機能を二つに分け、一つは精神の能動すなわち意志であり、もう一つは精神の受動すなわち我々のうちにあるあらゆる知覚つまり認識であるとする。そして次節十八節（「意志について」）において彼は、意志の活動を二つに分ける。一つは、精神そのものの中に終結する活動であり、例えば我々が神を愛しようと欲する場合のように、物質的ならざる対象に我々の心を向ける場合である。今一つは、我々の身体において終結する活動であり、身体運動はこれによって生ずる。

デカルトはさらに知覚をも二種に分かつ。その一つは精神を原因として持ち、他方は身体を原因として持つ。前者は、我々の意志の働きを知覚する場合であり、また意志によって起こされるすべての能動的な想像やその他の考えを知覚する場合である。受動的想像の場合には意志は働かない。我々が何かを意志する場合には、必ず同時に、自らがそれを知覚せざるを得ない、と彼は考える。「意志の知覚は精神の受動ということができるが、意志と意志の知覚は、実は同一のことに他ならない。しかし、普通はそれを受動と呼ばずただ能動と呼ぶ」(『情念論』第一部十九節)。かくしてデカルトにおいては、意志は精神の能動であるのみならず、意志そのものの知覚や、意志による知覚の形成は、精神を原因とするものである。したがってそれらは、精気によって引き起こされた精神の動揺の未来時相に他ならない「欲望」とは区別されなくてはならない（『情念論』第二部八六節）。

　デカルトにおいては、精神はどのような力（支配力）を持っているか。先ず精神の能動である精神の意志作用について言えば、これは無条件に精神の力のうちにある。つまり、精神はそれを変ぜしめる自由を持つ。精神の受動（情念）について言えば、これは、これを生み出す能動、たいていの場合は身体の能動に依存している。それゆえ、それは、精神自体がその原因である場合を別として、精神によっては間接的にしか変ぜしめられないのである。精神が情念を変ぜしめるのは、身体の能動を通じてでなくてはならない。ここで彼の「動物精気」の概念を用いた機械論的な情念論が登場することになる。しかし、それに立ち入るのはここでの目的ではない。我々が指摘しておきたいのは、彼が精神の能動としての意志を精神の中核におき、知性と意志が理性（精神の働き）を構成するという形で精神を理解している、ということである。そこでは意志と欲求とは全く異なるものとされている。だが次のことをここで断っておきたい。すなわち、デカルトにおいても、我々のすべての行動は欲望を通じて起こると考えられているので、彼の「欲望概念」と「意志概念」とは、此処の論述が与えるかもしれない印象から想定されるよりも、遥かに難しい関係にある、と。

　さてそれではヒュームにおいては、このことはどうなっているか。それを見るには、彼の「情念論」

ないしは彼の心の哲学を考察すべきであろう。彼において、知覚は印象と観念に区別されるが、情念は印象に属する。それは観念と異なり、活力があり、力強い知覚である。そして、このことによって、彼においては、情念論と道徳論とが結びつくことになる。というのも、情念は観念と異なり、人を行動に駆り立てうるものだからである。

実際、彼の情念論の大きな狙いの一つは、行為と動機の恒常的連接を観察することから人間の行為についての機械論的で決定論的な考察が成立することを示し、そのことによって一つの社会科学的方法論が成立しうることを示すことにある。このことは言うまでもなく、知性論における因果性の理論を、物質のみならず、人間の行為にも拡張し適用することである。そしてそれはまた、広い意味での道徳論や社会科学がいかにして成立したかの説明を、神の観念を導入することなしに人間本性の在り方のなかに見出し、完成することでもある。このため彼は、情念論で、動機と行為の間に因果関係が成立すると主張できることを示さなくてはならなかった。それはまた、いわゆる意思の自由の考えを退け、決定論を取ることである。そして、そこに彼の行為論が展開された。

それでは、彼の情念論において、意志概念はどのように扱われているか。彼の『人間本性論』第二巻（「情念論」）第三部の表題は「意志と直接情念とについて」というものである。ところで彼が「直接情念」と呼ぶものは、「よきこと」や「あしきこと」、すなわち快と苦から、直接生ずる情念である。それは間接情念と違い、快苦以外の性質ないし観念を必要としない。直接情念は彼の分類に従えば、欲求と嫌悪、悲哀と喜び、希望と恐怖の類である。此処には意志という言葉は含まれていない。しかし、彼は他方、苦と快のあらゆる結果のうちで最も注目すべきものは、意志であるとも言う。これはいかなることを意味するのであろうか。ヒュームの議論の中で、意志と直接情念はいかに関わり、また区別されるべきなのか。

ヒュームによれば、情念は、それが直接情念であれ間接情念であれ、その基礎を快と苦に置いている。これが彼の情念論の基本構造である。何らかの感情ないし情念を生む必要条件は、快苦ないし「よきこと」「あしきこと」が、存在することである。快苦を取り除けば、直接情念のみならず、間接情念やその他の大概の二次的反省的印象は、消滅する。心はそれに本来備わっている根源的な本能(original instinct)によって、「よきこと」と結びつき、「あしきこと」を避ける傾向がある。たとえそれらの「よきこと」「あしきこと」が、単に観念として思い浮かべられている時であっても、本来の時点に存在すると見なされている時であっても、心はそのような傾向を持つ(13)。

他方ヒュームにおける意志とはいかなるものか。彼は意志を直接情念に数えない。彼に従えば、正しい言い方をすれば、意志は情念ではないのである。しかし彼はまた言う。意志の本性および諸特性を十分に理解することが、情念を理解するために必要である、と。彼によれば、意志とは我々が、自らそれと知った上で、新たに体を動かしたり、我々の心に新たな知覚を生ぜしめたりする場合に、我々が感じたり、意識したりする印象のことである(T. 399)。注意すべきは、ここには意志を動機としたり、なにがしかの行為の原因と見る考えが含まれていない、ということである。しかも彼によれば、この印象は、すでに述べた間接印象と同様、単純であるから、定義不可能であり、そしてまたこれ以上説明する必要がないものである（T. 399）。実際彼はこのように述べた後、直ちに自由と必然に関する議論に入る。彼の論述では、直接情念の論述はその後に来るのである。

このことをどう理解すべきかについてはすでに他のところで議論したので、ここでは繰り返さないが、ヒュームの当時、意志ということで理解されていたのは、欲求と嫌悪、喜びと悲しみの四つであり(14)、これら四つは彼が直接情念のなかで目立つものとして数え上げているものであってみれば、それで以て彼は意志の説明を終えたと考えていたのではないであろうか。そして、もしそうだとすると、我々にとって重要なことが帰結する。すなわち、そこでは欲求と意志は別物ではないのである。しかも意志についてのこうした理解は、当時のスコットランドの人士がアリステレスに淵源を持つスコラ哲学的な道徳論を学んでいたと考えれば自然な理解であろう。また、そうだとすると彼が直接情念を論ずる節の中で意志として取り上げていたのは、いわゆる自由意志論者のいう意志であり、彼はそれをいわば形而上学的概念として退けたことになるのかもしれない。

以上において論じたことから結論できるのは、認識論においては、デカルト、ロック、ヒュームには観念説という共通地盤があったとしても、心の哲学ではデカルトとヒュームは大きく異なっており、取り分け意志の理解については、根本的な違いがあるということである。勿論それに応じて、理性の働きも位置づけも異なる。

第八章　道徳感情論の位置づけ

1　道徳説の分類

以上において我々は、道徳感情論を支持する議論を展開した。しかし、道徳感情論は、さまざまな道徳説の中でどのような位置にあるものであろうか。道徳感情論を支持することは、これまでさまざまな道徳論が問うてきた諸問題の解決について、理論的にはいかなる意義を持つのか。我々は、道徳は存在するかと敢えて問うたが、それは、自余の道徳理論が我々の問いに十分答えていないという議論であるとも受け取られよう。道徳が存在するかという問いと、信頼できる道徳論が存在するかという問いとは別物である。しかし、我々の展開してきた道徳感情論弁護の意義は、道徳論の諸相に照らして言えば、奈辺にあるのか。最後にその点について、反省しておきたい。そのために、道徳説をいくらかのタイプに分類して、それに基づいて議論する。

数多くある道徳説を分類する仕方は、一様ではあり得ない。[1] 実際、何のために分類するかという分類の目的や観点に応じて、分類の在り方は変わるべきであろう。私はここで、フランケナ（W. F. Frankena）の分類とハーマン（G. Harman）の分類とを取り上げる。その理由をまずフランケナについて言えば、彼の分類は、行動・行為の根拠づけとして道徳理論がどのような立場を取っているか、という観点からの分類であり、それは私の今目的としていることに最も適した分類であるように見えることにある。というのも私は、道徳判断は、我々自身、また他人が行為の選択を行うことに対する圧力を持つものであることを要請したからである。[2] 行為への圧力についての議論が、なぜそういう選択が為されたかということについての議論と関わりを持つのは明らかである。

フランケナの『倫理学』（W. F. Frankena: *Ethics*, Prentice-Hall, 2nd ed. 1963）における分類は、エゴイスチックな理論（利己主義的理論）（Egoistic Theory）、義務論型理論（Deontological Theory）、目的論的理論（Teleological Theory）、つまり功利主義（Utilitarianism）というふうになっている。[3]

他方ハーマンは、道徳判断と自然的な事実についての命題とを対比させてその異同を論じ、道徳判断が客観性を持った知識でありうるかどうかを強い問題意識に持って議論を展開している（G. Harman: *The Nature of Morality*, 1977. 邦訳題名『哲学的倫理学序説』）。これは、我々の方法論的要請の一つ、すなわち道徳判断はそれについてその真偽を問いうるものであるべきだ、という要請に対応する。もちろんハーマン（G. Harman）の議論は、倫理学の問題を分析的な立場から扱ったものであり、道徳理論の分類それ自体を目的とするものではない。けれども彼はそういう議論をする為にいくつかの代表的な倫理説を引き合いに出さねばならない。それは倫理説の分類を為しているといえよう。彼の分類ないし代表例の選択は、道徳上のニヒリズム（Moral Nihilism）、その穏和な形としての情動主義（エモーティヴィズム、Emotivism）、倫理上の自然主義（Ethical Naturalism）、利己主義（Egoism）、功利主義（Utilitarianism）というふうになっており、それぞれの立場が、問題に応じて引き合いに出されている(4)。

かくのごとく、この両者の議論はそれぞれ、あるいは行動の根拠づけという形で道徳行為の成立の構造を解明することを狙うという点において、あるいは道徳的命題についての真偽はいかに扱うべきかを論ずることを目指すという点において、いずれも私の問題と方法論とに密接に関係する仕方で、道徳論を取り扱っている。それゆえこれらの分類を用いて議論を進めてもよいであろう。

しかし他にも、道徳論の分類としては、C・D・ブロードや、S・ツールミンによるものがある。例えば、今世紀の初め頃、ブロードの書いた『倫理理論の五つのタイプ』（C. D. Broad: *Five Types of Ethical Theory*）の中では、道徳論が哲学者の名で代表させられていている。そこでブロードが挙げているのは、スピノザ（Spinoza）、バトラー（Butler）、ヒューム（Hume）、カント（Kant）、シジウィック（Sidgwick）らである。また、ツールミンの『倫理学における理性の位置』（S. Toulmin: *The Place of Reason in Ethics*）は、倫理学における推論の様式から倫理説の分類を行おうというものであり、自然主義、直観主義、情動主義（Naturalism, Intuitionism, Emotivism）に当る分類をしてい

る。(5)

けれども、序でまでに言えば、一見違ったように見える分類も実質ではそれほど大きく異ならない。例えばフランケナの分類とブロードの分類とを比較をしてみよ。ブロードの『倫理理論の五つのタイプ』の中では道徳論が哲学者の名で代表させられており、そこでブロードが挙げているのは、今述べたように、スピノザ、バトラー、ヒューム、カント、シジウィックらである。しかしブロードが挙げているこれらの哲学者のうち、まずスピノザは、エゴイズムの例として挙げられている。(6)次にバトラーの説は、良心の概念を導入したという点でカントに似ている点があるとされ、また同時に、一種の直観主義ないし道徳感覚説の例をなしている。さらにヒュームは、自己保存を道徳の中心に置く立場とヒドニズムの一例でもあるが、またエモーチヴィズムの一例でもある。またさらにカントは、理性主義と義務論型の理論の代表であり、シジウィックは直観主義的な功利主義（目的論型理論）の例をなしている。直観主義という概念は、倫理学に関しては、どのようにして善を見いだすかといういわば倫理学の認識論において用いられる分類概念であり、その点を斟酌すれば、ブロードとフランケナの両者の分類にそう大きな違いはない、と言えよう。私は、これらの分類法のうち、主としてフランケナの分類に従って、以下の議論を進めることにする。

さて、我々が先ず取り上げるのは、フランケナの議論であるが、既に述べたように、彼の『倫理学』における道徳論の分類は、エゴイスチックな理論（利己主義的理論）（Egoistic Theory）、義務論型理論（Deontological Theory）、目的論的理論（Teleological Theory）、つまり功利主義

（Utilitarianism）というふうに、道徳説が分類されている。フランケナの述べているこれら三つの理論のそれぞれを特徴づければ、(7)

（1）エゴイスチックな理論とは、行動の基礎は自己愛にあるとする立場であり、

（2）義務論型の理論は、行動の基準は義務の遂行にあるとする立場であり、

（3）目的論的理論というのは、最近では結果主義（consequentialism）というふうに呼ばれることが多いが、これは行為の基準を「よし」とされる結果をもたらすことに置く立場である。功利主義はその一つのあり方である。これは、二十世紀後半においては論者達の議論が集中した立場であり、それなりの力を持った立場である。

功利主義はそれ自体さまざまな解釈を持つ説であるが、例えばベンサムについて言えば、それは、ヒドニズムを前提する限りにおいて、我々が何を為すべきかを比較的明確に示す議論として考慮に値する。ただしそう言っても、これは功利主義が、大きな欠陥を含んでいることを我々は無視するものではない。例えば功利主義の原理を「最大多数の最大幸福」という形で言う時、その幸福概念の内容、幸福の量の計算可能性という問題に加えて、その原理の実施が、個人の人格の無視に繋がりうることがしばしば指摘されている。それは、この立場が全体主義になりうることさえ意味する。

だが同時に私は、現代において功利主義が取り上げられるのはそれだけの理由がある、とも思うのである。即ち功利主義への傾斜は、一つには結果を問わない理想主義的道徳的行為がしばしばもたらした災害の甚だしさの経験があったこと、およびそれに対する反省に基づく、と言えよう。これは、

あるいは義務的動機から発する道徳行為が、しばしば行為者を悲惨な心境に陥らせ、また現実に悲惨をもたらしたことの自覚と言ってもよい（例えば、日本の戦前戦中の神国意識、中国の文化革命などのもたらした惨禍のことを考えよ）。逆に又、行為の結果を問うということは、行為に合理性を持たしめる一つの道であると考えられたことが、功利主義を魅力あるものと思わせた理由の一つでもあったろう。しかし、ここでは功利主義自体について論ずる場所ではない。功利主義は目的論という形の中に含めて論じておくことにしたい。

さて私は、倫理学の基本問題の一つを、「我々は、なぜ、あることをなすべきであり、あることはなすべきではない、というふうに判断し、そして行為するのか」という規範問題に置く。それゆえ私は、まず目的論型理論（アリストテレス）と、義務論型理論（カント）とを、取り上げることにする。上記（1）で述べられている倫理上の利己主義といわれるものは、人間の行動の原理を説明する議論であるという点で、その立場の吟味は重要ではあるが、単なる利己主義は倫理説ないし道徳説ではなく、たかだか人間が生きる上での知慮の必要を勧めるものに過ぎない、と私は思っている(8)。とは言え、時に自己利益を考えて行動するのはもちろん有益である。しかし加えて言えば、我々を行動に突き動かすのは常に自己利益であるというのは、経験的に見て誤りである。例えば、復讐は自己利益にならない。復讐者の心には、自己利益の原則は不在である。さらにまた、仮に情緒や感情が常に自己言及的だと言えるとしても（つまり私の情緒や感情は、私の感情や情緒であるとしても）、だから情緒や感情は自己利益的であるということにはならない。それゆえ、次の議論は成り立たない。すなわち、

「我々は情緒や感情なしに、状況に応じた行動ができない。しかるに情緒や感情は、常に自己言及的である。それゆえ、我々の行動は自己利益的である」という推論は成立しない。実際、情緒や感情が自己言及的と言えるとしても、それは、それらが感ずる人の情緒であり感情であるという、弱い意味をどれほど越えるものであるのか疑わしい。そして最後につけ加えておこう。自己利益はそれのみを追求する人には、却って利益を齎さないことがしばしばある、と。自己利益は、「青い鳥」である。また、人は常に自己利益ばかり考えていると息が詰まるであろう。

アリストテレスとカントの説をここで取り上げると言っても、ここでの議論の目的は、それらの道徳説の吟味にあるのではない。両者それぞれを、（3）（2）の代表理論として、我々の考察の素材とするのである。

これまでの諸章で我々が明らかにした事実の一つは、進化の途上で人間も含めてある種の動物は、単に利己的な行為をするだけでなく、ある場合には、友愛や、時には自己犠牲的行為をも行うようになった、ということであった。これは我々が道徳的であるのは、事実問題であり、非必然的であるということを意味する。我々が更に解明を目指さなくてはならない問題は、なぜ、またはいかなる理由によって、我々の行為は我々の恣意勝手でよいのではなく、あることは為すべきことであり、あることは為すべきことではないというふうに考えるのか。また、我々の為さねばならないことがあるというふうになぜ我々は考え、またそれを行おうとするのか、という問題であろう。もちろん、そうした理由など存在しないのかもしれないし、我々のうちのあるものは「うるわしき生」を望むという、事実があるだけかもしれない。そうであるとすると、道徳的な「べし」は、高々事実的な一般性以上の意味は持ち得ないことになろう。ただ、この「べし」という言葉はかなり多義的であり、注意を要する。カントはこれについて非常にきつい議論をしているので、彼の「べし」には強い強制力が含まれている。アリストテレスの場合、なすべきことがいつも一義的に定まる形で道徳的指針が具体化するのか、私には明確ではない。いずれにせよ両者の道徳論は、この問題の解決ではないにしてもそれを目指したものであり、我々の議論の手がかりをそれぞれ与えてくれる。

我々は今や、道徳的生については、絶望的なというに近い時代に生きている。そして、「果たして我々は道徳的に生きられるのか」と問わずにいられない。こういうことが問題とならない場合、例えば、宗教の力が強かったり、社会が比較的安定していた時代においては、道徳自身の存立の問題は取り上げられる必要はなく、人間には道徳があるのは当たり前であるとして論を進められがちである。しかし、今や我々は、モラル・ハザードの時代に生きている。我々は、道徳を持つということはどういうことなのか、と問わずにいられない。アリストテレスやカントが我々の時代ほど退廃した時代に生きたとは思われないが、そういう観点から生ずる道徳の問題にも答えているところが彼らにはある。しかしもちろん、今や我々の時代は彼らの考えだけでは十分な答えにならない問題を抱えている、と私は思う。それはいかなる問題であるかを、まず示し、次いで我々の立場では、その点をどう扱うのかを言わねばならない。

我々の問題は、「我々はなぜ道徳的なのか」というものであった。そしてこの問題は、私がすでに述べたように、「我々はなぜ道徳的でなくてはならないか」という問とは区別されなくてはならない。我々は、あるいは少なくともかなりの数の人間は、進化のある時点から、「よりよき生」を求めるようになった。これは事実であると見なしてよいであろう。これが前者の問いに対する我々の答であった。しかし、「よりよき生」を求めるという我々のそういう在り方ないし行為は、単なる自己保存のための知慮の範囲を越えた在り方である。そういう在り方が可能であるという客観的な理由が与えるかどうかをも、我々はすでにいくらか考察した。それが、我々の行った進化論的な考察や、生物学や心理学的考察の目標であった。我々の道徳的な在り方の理解を目指して、我々は、「我々はなぜ道徳的なのか」、「我々が道徳的であるということはどういう意味なのか」、「我々はどのようにして道徳的となったのか」という問題を考え、道徳感情論にたどり着いたのである。それゆえ、いまや道徳感情論について少し内容的な議論をする段階に到達した、と私は思う。それを完全に行うことは、今回はできないであろう。けれども、少なくともいくらかの方向を示すことはできるであろうし、また、しておかなくてはならない。その為の議論にとって、アリストレスとカントの議論は適切な手がかりを与えてくれる。それらは学ぶべきところと、我々の取り得ない部分とを含んでいる。

けれども両者の議論が、我々の問題の全体を覆い得ないことは初めから明らかである。例えばカントは、道徳の基礎を理性に置いているので、カントの道徳論、つまり理性的な道徳論の立場は、現実の世界ないし現象的な感覚の世界を越えたものである。しかも、カントの理性概念は、私の認め得る理性概念よりもはるかに超越的で、純粋で独立な能力である。それは、具体的な道徳行為がいかにして発生するかという問題を扱いにくいものとしている。

アリストテレスについてはどうか。(9) 彼の倫理説は一種のヒドニズム、自然主義を含みながら、また目的論的な立場をも取り入れている、と言ってよい。しかしここで私は、アリストテレスの目的論について是非指摘しておきたいことがある。それは、彼の議論がいわゆる「幸福」だけを人間存在の目的の一つにしているのではなく、単なる現象としての人間のあり方を越えることを目指す点をも含んでいる、ということである。それは彼の正義の考えの中などに出ている。つまり彼において、正義とは、「ひとびとをして、正しいものごとを行うたちのひとたらしめるような「状態」」であるが（第五巻第一章）、正しい行為というものは、一つの意味においては、国という共同体にとっての幸福またはその諸条件を創出し保護すべき行為のことである、とされている。そして、かかる意味での正義が、完全な徳（テレイア・アレテー）であるといわれている。これはアリストテレスの正義の観念が、個人の段階を越えたものを目指していることを意味している――最大多数の最大幸福というようなことを目的としたり、その計算をすることは彼の考えにはないとしても。なるのは、こういう共同体という状況に根ざした正義の観念が、現代のように退廃と混迷の時代に、果たして実効性を持ちうるのかということであった。共同体という考え自体が間違っているのではない。私の言いたいのは、共同体というものが既存の明確な存在であると前提して、議論することはできないであろうということである。以下では、二人の倫理説を概観しつつ、それらの説に我々の立場を対照させながら、我々の考えにできるだけ「形」を与えることを試みてみよう。

2　アリストテレスの倫理説（目的論の一例として）

『ニコマコス倫理学』第一巻序説第一章において、アリストテレスは言っている。「あらゆる人間活動は、何らかの「善」を追求している。だが、もろもろの善の間には従属関係がある」、と。彼は、人間がよりよきものへと向かう存在であることを前提している。さて、人間の活動（実践、技術、学問など）には、その目的とするところがあり、またこれら活動ないし営みは、能力に従属する。両者は切り離すことができない。たとえば、馬具の制作活動は、騎馬活動に、騎馬やその他の軍事活動は、統帥に、というふうである。ここで彼は、およそ棟梁的なもろもろの営みの目的の方が、これに従属的な営みの目的よりも、より多く望ましいとする。

それでは、およそ我々の行うところのすべてを蔽うような目的とは何か。もしそのようなものが存在するとすれば、それが「善」（タガトン）であり、「最高善」（ト・アリストン）である、とアリストテレスは考える。

それでは、このような「善」とは何か。それはいかなる学問、または能力に属するか。アリストテレスによる答は、政治である。最も有力な、最も棟梁的な位置にあるところのものに属すると考えられるのが、政治（ヘー・ポリティケー）である。我々の本性が社会的存在であるという事実に、アリストテレスほど強い意味を与えた哲学者は少ないかもしれない。政治というものの目的は、「人間というものの善」（ト・アントローピノン・アガトン）である。そして、最高善は、「幸福」（エウダイモニア）にほかならない（第四章）。アリストテレスにおいては、「よく生きている」（エウ・ゼーン）、「よくやっている」（エウ・プラッテイン）などは、幸福というのとほぼ同じ意味に使われている。ついでに言えば、そこでは自己利益ということと道徳性とは対立するものとして扱われてはいない。「よく生きる」ということは、社会における我々の地位についての能動的な評価を含んでいる。

彼において、政治の目的とすることは、「人間というものの善」を齎すことであるが、それは正義を齎すことに他ならない。正義とは、人々をして、正しいものごとを行うたちの人たらしめるような「状態」を意味する（第五巻第一章）。これは個人に即して言えばよき性格ないし徳を備えていることを意味するであろう。正しい行為とは、一つの意味においては、国という共同体にとっての幸福またはその諸条件を創出し保護すべき行為のことである。そして、かかる意味での正義が、完全な徳（テレイア・アレテー）である。

「幸福」とは何かということにおいて、人々の意見は異なるであろう。アリストテレスの価値観では、善や幸福は、快楽や名誉や富には存しない。「人間はすべて幸福を求めるのであり、幸福は称賛に値するもの、尊ばれるべきものである」と彼は考えて、幸福であることは、なにがしかの卓越性（優れた能力）によると見る。我々がなにがしかのことをするのは幸福であろうとしてのことであるとすれば、つまり、我々の行うことのすべての根源は幸福にあるとすれば、そうしたものである幸福は尊ばれるべきものでなくてはならない。しかし、それは富や快楽や名誉のことではない。彼は、幸福は魂に関することである、とする。なぜなら、それは外的な事物の持つ性質ではないからである。それゆえ、幸福とは、究極的な卓越性に関しての、魂のある活動である、ということになる（第十三章）。しかし、その卓越性は、魂の卓越性と言っても知的な卓越性ではなく、別の、つまり倫理的な卓越性であるとされる。例えば節制や寛厚がそうしたものであろう。かくてアリストテレスの道徳論は徳論的性格を帯びる。これら徳は、いわゆるエートスであって、直ちに知的な卓越性には結びつかないものである。ただし、彼の最高善においては、再び知性が関係する。

彼の、最高善の条件はどのようなものか、それについてここで一言述べておく。最高善は、究極的な意味における目的であり、自足的なものでなくてはならない。幸福はかかる性質を持つ。ところが、アリストテレスは、幸福を人間の機能（エルゴン）と結びつけて考える。機能を果たすことにその善がある、と彼は言う（第七章）。それでは「人間の機能」とはなにか。

生きる（ゼーン）ということは、我々が機能を果たしている状態にあるということであろう。「生きる」には、いろいろな段階がある。すなわち植物的な生、感覚的な生（食養摂取、成育）、動物的な生がある。しかし、それだけではない。魂（プシュケー）の「ことわりを有する部分（ト・ロゴン・エコン）」のはたらき（プラクチケー）にかかる生がある。これが人間に特有の生であるとされる。それでは、「ことわりを有する部分」とはなにか。これは、簡単に言うと、知的活動のことである。つまり知的認識のことである。ここでエネルゲイア（活動）としてのことわりが、考えられている。機能には優劣がある。ところで、今見たように、人間の機能は、ある性質の生、すなわち魂の「ことわり」を備えた活動ないしはたらきに他ならず、優れた人間の機能は、かかる活動とかはたらきをうるわしく行うことに存する。かくして、「人間というものの善」とは、人間の卓越性（アレテー）に則しての、またもしその卓越性がいくつかあるときは最も善き最も究極的な卓越性に則しての魂の活動性であることになる。

以上がアリストテレスの「善」ないし「幸福」についての説明の概略であるが、注目すべきことは、彼の議論においては、「義務」という考えはあまり際立ったものとならないように思われること、また、彼の考えでは、倫理的な卓越性ないし徳は、本性的に与えられているものではなく、行為の習慣化された「状態」（状態は、情念でも能力でもない）とされていることであろう（第二巻第一章、第五章）。それは、「中」を選択すべき「状態」である。倫理的卓越性は単に生得的なものではないという主張は、我々が「ノイラートの船」ということで示唆した道徳の改良保持と繋がる議論であろう。

さて、この古典的な倫理理論に対し、今や問題点があると言わなくてはならないのは、そのどの点なのか。そのひとつは、それが人間にのみ知性があるとする点である。これは進化論の出現によって、今や問題を含む主張となった。もうひとつは、既に触れたが、倫理的な徳の最高のものは、正義であるとする点である。私は、この第二の点の主張内容、すなわち正義が社会的に最重要であるとする主張が間違っていると言おうとしているのではない。言いたいのは、正義と言う状態をもたらすことが我々にとって重要だと言う彼の主張は、すでに倫理的な考察には実効性があると前提されている、ということである。もしアリストテレスの善の考えの中に正義ということが入ってこなければ、彼の議論は、倫理的な議論というよりは知慮に基づく議論であり、さらには利己主義と同じものになるかもしれない。それゆえ正義の観念を導入することは、彼にとって重要な手続きである。しかし、問題はまさにそこにある。正義は、単に知慮としてでなく、倫理的な意味で要求され得る目的であろうか。彼はむしろ、そういう正義の追求が倫理学の根本問題であると前提しているであろう。しかし私の問題は、その前提がなぜ成り立つかを科学的知見に沿いつつ示すことにあった。これはアリストテレスの議論は、ホッブズの議論よりも、より倫理的（単なる知慮でなく）であると言えるか、という問いでもある。

3　カントの道徳論（義務論的倫理学の典型として）

どんな倫理的命法がありうるかについて、カントが述べている点を、『人倫の形而上学の基礎づけ』(10)における議論から瞥見してみよう。ここでカントは道徳を理性の上に立てようと試みている。ただ彼は、アリストテレスと違い、人間のあり方の究極目的は「幸福」ではない、と考えている。つまり人間を人間たらしめているものが「理性」であるなら、人間の究極的な目標は幸福にはない、と彼は考えるのである。幸福になるためには、理性よりも「本能」によるのが適切である。我々が理性を持つのは、それゆえ幸福になるためではない。幸福よりももっと高い善があるはずである、と彼は考える。

しかし、啓蒙主義の時代の子として、神に認識や道徳の基礎を求めることを断念した彼は、どのようにして道徳の根拠を確立できるか。

カントは、意志の自由を前提とし、意志の自律を基礎として、実践理性の法則を導き出す。その答は、「我々の意志の主観的方針（格率）が、普遍的意志となることを意志し得るように行為せよ」というものである。こうした普遍性を求めることは、倫理的な法則が「べし」ということを含む限り、当然と思われる要求であろう。カントはまた、「格率が自然法則であるかのように行為せよ」とも言う。これは、実践理性（意志）の自己立法といわれることである。「自然法則」とここで彼が言うのは、道徳法則が経験的事実であると言う意味ではなく、普遍的法則だと言う意味であり、このことは彼が、道徳を経験的な知識の上に立てることを拒否するということでもある。カントにおいては、道徳学を人間学に基づけることは不可能である、とされる。なぜなら彼によれば、人間学は道徳学の適用の為の特殊な事実的条件を与えるためだけのものだからである。言い換えれば、カントにおいては、道徳学は、いわば人間に固有な法則ではなく理性的存在者に固有な法則なのである。このことに注意する必要がある。それはヒドニズムの否定であることはもちろんであるが、道徳感情説の否定でもある（カントは、道徳感情そのものの存在は認めるが、しかしそれは理性の自己立法が我々の感覚的欲望を破壊する効果の感受にほかならない、とする）。

かくてカントは、道徳を現象界における人間の事実と見ることをやめ、知性界において理性的存在者たる限りでの人間に基づけることとなる。それゆえ自愛、すなわち自己の幸福は、悟性に属するものではないとして、道徳の基本的原理ではあり得ないとされる。これはあまりにも人間が生物的存在ないしは動物的存在でもあるという面を無視しているとも言えるが、それだけに道徳のもつ基本的な面を鋭く浮き彫りにしているとも言える。つまり、人間が現象的な世界にとどまるかぎり道徳というものの基礎づけは得られない、という事実をはっきり言い表しているように思われる。

『基礎づけ』における彼の議論を少し追ってみよう。彼は、理性の真の目的とするところは、他の目的のための手段としての善なる意志ではなく、それ自体において善なる意志を生む出すことだ、と言っている。それ自体として善なる意志を生み出すためにこそ、理性が必要であったのである。もちろん、カントは、このような「それ自体としての善、ないし目的」のために必要である理性が、常に条件づけられている目的、すなわち幸福の実現と、少なくともこの世では、相いれないことがあることを知っている。カントにおいて幸福はこの世では制限されている。

それ自体において尊ぶべく、他の目的に仕えることなしに善であるところの意志とは、どういう概念か。このことを説明するために彼は、「義務（Pflicht）」の概念を取り上げる。そして、彼は言う。義務に基づく行為の道徳的価値は、その行為によって実現されるべき意図のうちにあるのではなく、その行為ののっとる格率のうちにあり、したがって行為の価値は、行為の対象が実現するか否かに依存せず、むしろ欲求能力の向かう一切の対象に無頓着に一定の行為をなすように促すところの、意志作用の原理（意志の根本動機）にのみ依存する、と。そして、彼は、義務とは法則に対する尊敬に基づく行為のもつ必然性である、という。彼は、行為の道徳的価値をその結果ではなく、理性的存在者の意志にあるとしたわけである。意志が絶対的に無限定的に「よし」とされるためには、法則の表象がそこから期待される結果を顧みることなしに、限定されることがなくてはならない。そのような法則とは、いかなるものか。それは、行為一般の普遍法則である。つまり「私は、私の格率が普遍法則となることを意志しうるのでなければならない」という形のものである。しかも彼によれば義務の命法は、定言的命法であって、このような命法は、ひとつの行為を他の目標への関連なしにそれだけで、客観的にして必然的な行為として提示するのである。（命法（Imperativ）は、定言的と仮言的とに分けられる。仮言的命法は、ある可能な行為が、自らの意志する——あるいは、意志する可能性のある——なにか他のものに到達するための手段として持つところの実践的必然性、を提示する）。

彼は、いろいろ吟味と分析を重ねて、義務はただ定言的命法としてのみ表現される、という結論を引き出す。つまり、彼は、道徳の命法は定言的命法である、という考えを出すわけである。

カントはもちろん自分の説が、現実の問題に適用される場合には、多くの人々が失望する結果を生み出すことを知っていて、いろいろと議論している。道徳的行為は義務感に基づくものでなくてはならず、行為が行為者に幸福感を与える時は行為の道徳性が減少するというのがカントの道徳論から出るかもしれぬ解釈であると知れば、人は愕然とするであろうが、幸福と義務の遂行の間には断絶がある、というのは更に悲しいことである。誰しも正しい人が幸福になって欲しいと思うであろう。しかしカントは、残念ながらそういう帰結にはならないことをはっきり示したのであり、これは道徳論にとって実に大切なことである。私はカントへの皮肉でそう言っているのではない。

カントの道徳論について、更に述べておきたいことがある。それは、自由意思の問題である。我々は意志の自由について、カントと同じく確信を持つことができるであろうか。もし、意志の自由が認められないとしたら、カントのような手続きで道徳的言明を基礎づけることはできないのではないか。さらに、我々はカントのごとく、理性を人間のみの持ち得るものといいうるであろうか。進化論は、人間とその他の生物に、ある意味での連続性を与えたのである。このことはただちに意志の自律の否定を帰結するものではない。人間のみが意志の自律を確保するように進化したのであるかもしれないからである。しかし我々は、意志の自由という不確かな事実を道徳の基礎とすることには、すくなくとも今しばらく慎重であるべきであろう。

4　要約

以上の議論に基づいて言えば、アリストテレスについては少なくとも次のように言わねばならない。共同体の正義ということを目指すのはよいが、ある共同体が既に確立されたものとして正義をひき出すという手順は、事の性質上、我々には採用不可能であるように思われる、と。もっと一般的な言い方をすれば、目的を措定するということは、簡単に、あるいはアプリオリには、できないのだという問題がそこにはある。しかし他方、彼の徳論型倫理学には、多くの学ぶべき点が含まれている。ヒュームの道徳論も、多くアリストテレス的な構造を持っている。なお、ここで目的論的道徳を弁護するためにに、その例として功利主義を持ち出しても、あまり議論の進歩はないと考える。なぜなら、既に述べたように功利主義は、それなりの問題解決力は持っているがそれほど全能ではなく、時にはむしろ非現実的な仮定や手続きを含んでおり（例えば、「よきこと」が一様な基準で測定できるという仮定や、ナップ・ザック問題）、あるいは非人間的な計算を強いる場合（例えば一人を殺して多数の人間を救うことが善であるのか否か）があるからである。しかし、もちろん行為の結果を考えずに行為することは非現実的であるばかりでなく、しばしば非人道的ですらありうるのはいうまでもない。

カントについて言えば、理性から道徳法を演繹するという手続きが不毛であるように思われる。なぜなら理性という概念は確定したものではないので、そこから何かを演繹するという基礎づけ論は、採用できないように思われるからである。そして他方、彼の言う義務感から道徳行為を実践できるような有徳の人は、現実には少ないように思われる。一般的に言って、抽象的な目的を義務的な目的として行動する人は稀であり、人間の行動目的は、いつも具体的な個別的なものであろうと思われる。全人類への愛に燃えるというだけでは、取るべき特定の行動は定まらない。こういういくつかの意味で、傾聴すべき彼の議論は、道徳論としての現実性が欠けている。これに反し、我々の推奨した道徳感情論は、これらの難点を逃れているだけでなく、エゴイスティックな道徳論の持つ利点、つまりなぜ人が、ある一定の行為を行ったか、または行うかということの説明をも与えうるという利点を備えている。

ハーマンの分類では、自然主義的な方法とニヒリズムを対立させながら、道徳論についての議論を展開することになるのであるが、そこではエモーティヴィズムが穏やかなニヒリズムとして論じられている。[11] しかし我々は、ヒュームの道徳論すなわち道徳感情論を、表出論という形で理解し、エモーティヴィズムと解釈することを避けつつ、道徳判断に対して真偽を問いうる方法を述べたのであった。つまりニヒリズムに陥ることなくヒュームの道徳論を解釈する道を示したのであった。ここから出てくる結論は何か。我々は、倫理学における内在主義と外在主義の主張を含みつつ、また、目的論と義務論の主張をも受け入れつつ機能する徳論を目指さなくてはならないということ、それには道徳感情論ないし表出論が最も有望な議論であること、しかし道徳感情論ないし表出論は感情それ自体をも向上させるという努力を必要とするものであらねばならないこと（ノイラートの船を想起せよ）、これは個人の性格と能力を向上させることを含むこと、そしてこれは徳論型倫理学への傾斜を意味するものであること、であった。

第九章　エピローグ

1　徳論型倫理学の現状について

徳論型倫理学とここに言うのは、非常に大雑把に言ってしまえば、人間の徳と道徳的性格とに強調を置く倫理学のことである。この理論的立場は、規則や原理を強調し従って義務を強調する義務論型の倫理学や、行為の結果を強調する結果論型の倫理学から区別される。徳論型倫理という立場は、古くて新しい。古いという意味は、それは既にプラトンやアリストテレスにおいて論じられ、採られていた立場だという意味である。新しいという意味は、それが復活してからまだ半世紀にもならないという意味である。今から二十年くらい前までは、義務論型倫理と結果論型倫理が倫理学の議論を支配していた。その支配が徐々に揺るぎだしたのである。

義務論型倫理や結果論型倫理への不満がどのように形成され、それがなぜ徳論型の倫理の復活を促したかについては、いろいろな見方がありうるが、その一つは倫理学が倫理学の扱うべき問題を扱っていなかったことであろう。例えば、半世紀前の倫理学つまり筆者の学生時代の倫理学は、現実の問題に倫理学を突きつけて現実の問題の解決を志向すると同時に倫理学自身の鍛錬を目指す、という意識に欠けていたように思われる。それは、道徳的行為者を動かす道徳的動機とはいかなるものかということや、道徳的な性格とはいかなるものかをほとんど論じなかった。倫理学はあまり若い人の興味を引かなかった。わが国についていえば、当時の若者は道徳や倫理という言葉に嫌悪すら感じた。それは戦前戦中の経験のしからしめたところであり、戦後の時代の空気でもあった(1)。我々の年代のものの若い時期には、他人の行為について道徳的見地から忠告することは面映ゆいことであった。

欧米における当時の状態は知らないが、倫理学が論ずべき問題を論じないでいたという点においては通ずるところがあるのではなかろうか。けれども少なくとも英国では、こうした状況に対する反省は、二十世紀の中ごろには、哲学者の中で生じていたように思われる。アンスコム、フット、マードック、ウイリアムズ、マッキンタイヤーらはそうした問題に気づいた人たちである。

倫理学において徳論的考察が欠けているという事実は、それがいかなる理由によって生じた欠陥であるにせよ、指摘されればだれしも首肯せざるを得ない事実であった。現代の倫理学は論ずべき多くの問題、ことに人間のあり方について論じないままにしていた。それゆえ、徳論型倫理学の復興が引き起こした現象の一つは、義務論型倫理や結果論型倫理の立場に立つ論者たちが徳論型の倫理説に反応しその重要性を認識して、自分たちの倫理理論の中で「徳」について本気で論じ始めたということである。例えばカントにおける徳論などが、人々の関心を引くようになった。功利主義論（結果論型倫理）に立つものについても同様である。(2)

この傾向の一つの結果は、徳論型倫理、義務論型倫理、結果論型倫理という三つのアプローチの差異が目立たなくなってきたということにある。徳論型倫理とは、「徳」を強調する倫理的立場のことであるというだけでは、それぞれの立場を区別することができなくなってきたのである。同じことは、義務論型倫理、結果論型倫理についてもいえるであろう。規則や効用（結果）を強調する立場というだけでは、もはやそれらの特徴づけにならないであろう。今や義務論型倫理、結果論型倫理について、それぞれそれらはいかなるものかと問うても、人柄や「徳」についての議論ぬきの端的な答は得られない。

ここで疑問が起こる。というのは、義務論型倫理や結果論型倫理について、それぞれ「義務論型倫理とはいかなるものか」、「結果論型倫理とはいかなるものか」という問いに簡単な答がえられなくても人はあまりそれを気にしないのに、徳論型倫理については、「徳論型倫理とはいかなるものか」について簡潔な答が得られないことをもどかしく感ずる人が多いという事実があるからである。これはどうしてか。

これについて例えばハーストハウスは、それは徳論型倫理学がまだあまり人々にとっては馴染みがないことによる、としている。(3) 人々は義務論型倫理や結果論型倫理には馴染みがあるので、それらをルーズなスローガンで導入することができる。つまり、それらを、そのルーズなスローガンで指示しておけば、人々はそのスローガンを越えて理解する仕方を知っている。しかし徳論型倫理学についてはそうはいかない。しかも、徳論型倫理の立場を簡潔に述べて、それに属するすべての理論を包括し、かつ、それを義務論型倫理、結果論型倫理と区別することは恐らくできないであろう。けれども徳論型倫理学がいかなることを目指しているかについて誤解があるとすれば、それは払拭しておかねばならない[4]。それゆえ、以下において徳論型倫理の特徴づけと誤解の解消とを試みる。

2　徳論型倫理の基本的性格に対する誤解について
——他の立場との比較

(i)　定義という面から

徳論型倫理とはいかなるものか、ハーストハウス (R. Hursthouse) に沿いつつ考察してみよう。彼女は、徳論型倫理とはいかなるものかを説明する手立てとして、まず通説を紹介する。それによると、徳論型倫理を特徴づけるものとして人々が挙げる主張は、主として次の五つぐらいに集約される[5]。すなわち、

(1) 倫理学は、行為を中心に据えて展開するのでなく、行為者を中心に展開すべきである。

(2) 倫理学は、「いかなる類のことを私は為すべきか」でなく、「いかなる類の人間で私はあるべ

きか」という問題に関わるものである。
（3）倫理学は、義務論的概念（正しさ、義務、責務など）よりも徳や卓越性の概念（よくある、よくやる）をより基本的とする。
（4）倫理学を、行為を導く特定の諸規則や諸原理という形で綱領化しうるという考えを退ける。
（5）倫理学は、「為すこと」ではなく、むしろ「よくあること」に関わるのである。

彼女は、これらはなにがしかの真理を含んでいることを認める。しかしこれらは、徳論型倫理のよき定義ではなく、むしろ重大な誤解に導く危険性を含んでいる、とすぐつけ加える。それでは、これらの定義の欠陥を彼女はどこに見るのか。

上記の（1）―（5）は、ほぼ同じことを言っているように読まれやすい。そしてまさにそのことが、それらの定義が重大な誤解に導く危険性を含んでいるという理由の一つである。というのは、上記の定義は、徳論型倫理が功利主義や義務論型倫理に対抗できない理論であるという考え方を助長しがちだからである、と彼女は指摘する。すなわち上記の定義は、徳論型倫理が「正しい行為」という問題に関わらないのであるかのごとき印象を人に与える。もちろん上記の定義は、徳論型倫理が「正しい行為」という問題に関わらない、とあからさまに言っているわけではない。しかし、あたかもそう言っていると思わせる、というのである。加えて言えば、アンスコムの「近代の道徳哲学」以来の徳論型倫理の再興の過程を背景の文脈として徳論型倫理を眺めると、徳論型倫理の主張の一つは、倫理は「正しい行為」という問題に関わらないことにあるような印象を持つのはあながち不自然ではない。それゆえ上記の特徴づけに従って徳論型倫理を見るとき、それは規範倫理としては、功利主義（結果論型倫理の一つ）や義務論型倫理に十分拮抗できないものだと人々に思わせることになる。この点で上記定義は誤解に導く危険性を含んでいると言わねばならない。それでは徳論型倫理は、「正しい行為」をいかに特定化できるのか。

（ii）徳論型倫理も正しい行為を特定化する。

徳論型倫理が正しい行為を特定化する道徳的な規則ないし原理を与えるのは、次のような形である。すなわち、ある状況において「正しい行為」とは、「有徳な行為者が有徳という人柄ないしは人品に特徴的で典型的な仕方で、そうした状況においてするであろう行為」として行為を特定するという形である。[6] 我々の課題は、次のことを示すことである。すなわち、正しい行為の特定化という問題に関して、徳論型倫理のありようを結果論型や義務論型の立場と比較してみるとき、徳論型倫理はこの問題に関し他の倫理理論にひけを取るわけではないことを。そのため、まず結果論型の倫理例えば功利主義が「正しい行為」をどのように説明するかを見てみよう。それは次の二つの前提からなる。[7]

（C1）ある行為が正しい（right）のは、その行為が最善（最もよきこと）の結果をもたらす場合であり、その場合に限る。

（C2）最善の結果というのは、幸福が最大化されるような結果のことである。そして、このことが、最善の結果という概念と幸福という概念の間の、よく知られた功利主義的な繋がりを造り上げる。

ところで、この立場が効力を持つためには、その最重要概念が解明されなければならない。この立場の重要概念は「幸福」であろう。しかし周知のごとく、それをどのようなものと説明するかについては、意見の一致を見ているとは言えない。

同じことを義務論型の倫理についてみれば次のようになるであろう。

（D1）ある行為が正しい（right）のは、それが適正な（correct）道徳的規則ないし原理に従っている場合でありその時に限る。

（D2）適正な道徳的規則ないし原理とは、……のようなものである。

そしてこの……のところは、次のようないろいろな形で充填される。

（a）次のリストに載っている。（b）神が定めたものである。（c）普遍化可能、または定言命法である。（d）合理的な選択として受容できる行為である。などなど。

こうした定式化に基づいて、しばしば次のように言われる。すなわち、功利主義は「よきこと」という概念から出発し、義務論倫理は「正しいこと」という概念から出発する、と。しかし、この概括は極めて不正確である。(8)

さて、徳論型倫理は「正しい行為」を特定化できないという批判にどう対応できるかを吟味するため、徳論型倫理についても先の二つの場合と同じ手続きを取ってみよう。

（V1）ある行為が正しいのは、それが、有徳の人が、その状況において、その人品ないし道徳的な性格にとっての特徴的で典型的な営為として（characteristically）行なう行為である場合であり、そのときに限る。

しかしこの答えは徳論型倫理を批判する人たちを満足させないであろう。「いったい誰が有徳者なのか」と冷笑されるであろう。しかしハーストハウスは応酬する。義務論型の理論や、結果論の場合も、本当はこの第一前提の段階でうまく行っていないではないか、と。[9]「あなたはどうなのですか」という論法である（tu quoque argument）。

それにしても徳論型倫理は、どのような人物を有徳な行為者として特定しうるのか。我々はそれを述べるべきであろう。徳論型倫理がそれに答えて、それは適正な規則に従って行為するように傾性づけられている人物だ、と言うことは許されない。もしそう言うのならば徳論型倫理は、義務論型の倫理と異ならない。もちろん有徳な人とは、ある人品の特性つまり徳を持ちそれを行使する人であろう。しかし、そもそも「徳」とはいかなるものか。それに答えるため、徳論型倫理ももう一つ前提を持たねばならない。

（V2）徳というのは、……のような人柄・人品の特性である。

しかし、この……はどのように充填すればよいか。ハーストハウスは、例えば次のようにすればよいと言う。つまり、徳を枚挙してリストを作るとか、徳とはその所有者にも他人にも快適な性格上の特性であるとか、アリストテレス的に人間のエウダイモニアに必要な性格上の特性であるとか言えばよい、とする。もちろん、これは「例えば」という話しであって、これが最終的な答えという意味ではない。

以上によりハーストハウスは次のように言う。「正しい行為」の決定ということに関して三つの立場は、どれが特に優れているということもなく、どれが特に劣っているというわけでもない、と。徳論型倫理は、「私は何をすべきかをどのように決定するか」に対する答えをも他の立場並みには持っているのである。もちろん徳論型倫理は、有徳な行為者という概念を第一前提に含んでいるという意味において、「結果」や「規則」中心の立場であるよりは、「行為者」中心であるとは言ってよい。

以上の議論は徳論型倫理についての誤解の一つに答えたものである。もちろんまだ多くの誤解が残っている。しかし我々はここで、そうした誤解を一々片付けることに力を注ぐ立場にはない。我々は問題を限定して、徳論型倫理がどの程度またどのように行為を導く力があるのか考察しておこう。というのも今述べた徳論型倫理における正しい行為の説明に対してすぐ起こる疑いがあるからである。それは徳論型倫理は循環論ではないか、という疑問である。もちろん正しい行為とは有徳な行為者が行なうであろう行為だと言っておいて、有徳な行為者とは正しい行為をするとすぐに言うのでは循環である。逆に功利主義者や義務論型倫理の立場に立つ人は、こういう言い方をすることができる。というのは、彼らの場合は、何が正しい行為かということがすでに決着がついているからである。しかし徳論型倫理の場合はそうはいかない。

これに対してハーストハウスは、（V1）を次のようにパラフレーズして、循環論だという非難を退ける。すなわち、

（V1′）ある行為が正しいのは、その行為が、あるX的行為者が、一つの状況において自らの品性に特徴的典型的に適う仕方で行なう行為である場合、そしてその場合に限る。

（V1a′）あるX的行為者とは、ある人品の特性、すなわちX^{s}を持つもののことである（いかなるものがX^{s}かは、一応、歴史的社会的に定まっている）。

このようにすれば、（V1）は循環ではなくなる。もちろん、これは正しい行為ということについて内容的な情報を与えるものではないことを、彼女は認める。けれども同時に彼女は指摘する。他の立場の第一前提も正しい行為とは何かについて、これ以上に内容的情報を与えるものではない、と。[10]‘tu quoque argument’は、徳論型倫理が義務論型倫理や結果論型倫理に対して用いる常套手段の一つである。

3　徳論型倫理に特徴的な考え方

(i) どこで他の理論と異なるか

以上の議論は、徳論型倫理は行為の指令をなしえないのだという批判に対して、否、徳論型倫理は義務論型や結果論型と同じ程度にはそのことを果たしていると反論するものであった。しかし、それなら徳論型倫理は他のアプローチとどこが違うのか、徳論型倫理を推奨する理由は奈辺にあるか、と問われるであろう。それゆえ次に我々は、徳論型倫理が義務論型や結果論型とどう違うのかを述べるべきである。まず徳論型倫理が結果論型倫理とどう違うかを考察し、その後に、徳論型倫理と義務論型倫理との違いを考察する。

徳論型倫理と義務論型倫理とは共に、次の点に大きな問題を持つとされる。それらは正しい行為はどういうものかについて考える一般的規準を与えるものかもしれないが、この行為またはあの行為が正しい行為であるかどうかをどのようにして認定するか、という問題である。というのは、それらの立場はそれぞれ、いかなる性格ないし人品上の特質を徳とするか、または、あるいはいかなる道徳的規則ないし原理を選定するか、いわば決め手がないようにも思えるからである。このことは道徳上の相対主義や悪くすれば懐疑主義へと到る道なのかもしれない。

これに対し、結果主義、特に行為–功利主義は、少なくとも直ちには同じ問題によって脅かされることはない。もちろんこの立場とて、結果を予測するということに関する実践上の問題はいろいろ持つであろう。例えば幸福とはいかなることかという問題や、結果の計算可能性の問題などがそれである。しかし結果の予測に関する不確定は理論の立場の問題ではなく、むしろ人生一般の定めである。結果主義の場合、どのようにして結果を予測するにせよ、結果が予測できればよき行為はそれによって決定される。なぜなら最善の結果を生み出す行為がよき行為なのだからである。しかし徳論型倫理と義務論型倫理の場合は、事情を異にする。というのは、これらの立場はいずれも正しい行為を決定するための前提の第二段階において要求されるリスト・アップができていないからである（一九一–二頁参照）。けれども我々は今、この問題は追及しないことにしよう。つまり、満たすべきリストは本当はまだ今はオープンであるが、それは満たしうるのだということにしておこう。その上で、徳論型倫理と義務論型倫理とを比較してみよう。

この場合、徳論型倫理に対して投げかけられる非難は、次のようなものである。すなわちリストが満たされた場合、義務論型理論は行為に適用可能な明確な指令(例えば、「嘘をつくな」)を持つが、徳論型倫理の言うところは、「しかじかの状況において有徳な行為者がするであろうことをせよ」ということだけであって、これは私が有徳でなければ私に行為の指針を与えない。しかし、もし私が有徳なら行為の導きなどは必要ではない。また、もし私が完全な徳を備えていなければ、私は有徳な人がどのようにするかも分からない。それゆえ徳論型倫理の指令は役に立たず、義務論型倫理が行為を導きうる状況構造においてもなお効力を持たない。結果論型の場合は唯一の指令しか持たないが行為を導きうる。それゆえ徳論型倫理は、他の立場が機能する設定においても、効力を持たない。

これに対しては次のように応酬しうる。いかに行為すべきか自分に分からないときは人に尋ねよ、と。しかも、このことは瑣末なことではなくて、我々の道徳的生の重要な側面を説明するものである。(11)我々は、自分よりも優れていると思う人に道徳的な導きを求める。我々はいつも自律的というわけにはいかない。我々は正しいことをしようと思うとき、しかも先がよく見通せない場合には、自分が尊敬する人のところへ行く。悪いと思うことの言い訳を求めるときは、道徳的に劣る人に、あるいは仲間に尋ねる。しかも有徳者の意見を求めることが、行為の指令を見出すため不完全な存在としての行為者にできる唯一のことではない。私がたとえ完全な有徳者でなくても、有徳者ならどうするであろうかまったく見当もつかないということはまずない。我々は徳とは何かについておぼろげにであれ知っている。我々は自分が完全な有徳者でなくとも、自分に値しない名声をうるために嘘をついたりしないであろう。我々は、それぞれの状況において何かを感じ、それを表出する。しかもそれら感情は我々をある行為や態度に導くものである。それゆえ、このことの帰結の一つを序でに言えば、徳論型倫理は存在としての「よきこと」に関わるだけで行為には関わらないとする批判は退けられるべきだ、ということになる。徳は行為を指令し、悪徳には禁止を指令する。かくて徳論型倫理が行為決定に関わることを言わないという批判は退けられる。

しかし、なお反対が残るかもしれない。すなわち徳論的規則（徳についての規則、例えば「誠実であれ」とか、「不仁を為すなかれ」とかいう徳に関する規則。以下では徳規則と呼ぶ）は、行為指令の規則としては的確でないという反対が。その立場は言う。徳規則は義務論や結果主義（行為‐功利主義）の規則が提供するような行為指導を為しえない、と。この主張の根拠は徳規則が評価的な語句を構成要素として内含していることにある。つまり評価語句は判断を含むので、端的に行為を指令しえないということであろう。

徳規則が評価語句を含んでいることは事実である。しかし、だから徳論型倫理は他の二つの立場のようには行為を指令しえないというのは正しくない。というのは、結果主義も義務論型倫理もやはり評価語句を含んでいるからである。実際それらの立場は、評価語句を含まずに正しい行為を指令しうるであろうか。ある種の功利主義はそうかもしれない。例えば、功利主義が、幸福という概念を欲求や選好などという、まったく価値観を含まない経験的で事実記述的な語句で定義している場合は（仮にそれが理論として成功しているとすれば）、評価語句を含まないであろう。しかしそういう場合を別として、快に高級・低級の区別を認めるなら、功利主義とて評価的語句を含むわけである。あるいは、結果主義が何らかの目的論の形を取るなら、その目的概念が理論全体に評価的要素を塗り込めるであろう。義務論型倫理が評価語句を含んでいることは言うまでもない。このことについては次のことを考えて見るべきである。実際のところ、義務論型倫理の規則は徳規則の事例化ともみうるということを。たとえば、義務論型倫理の「嘘をつくな」という規則は、徳規則「誠実であれ」の事例ではないだろうか。

だがそうだとしても義務論型倫理に立つものはなお次のように言うかもしれない。すなわち、徳規則は例えば子供に対する指導をするという観点から見るならば、義務論型倫理の規則に遥かに劣る、と。「嘘をつくな」と言うほうが、遥かに分かりやすい指導であるというわけである。しかしこれは必ずしも事実ではない。母親は子供に、「動物にひどいことをしてはいけませんよ。残酷なことはいけないのよ」と教えるのではないか。(12)

徳論型倫理は規則（徳規則）を持つ。そしてそれは、義務論型倫理の規則を排除するものではない。両者の違いは、そうした規則をそれぞれの立場で個々のケースに適用する場合に背景にある考えの違いにある。義務論型倫理において「嘘をつくこと」が間違っているのは、それは「嘘をつくな」という規則に反するからである。しかし徳論型倫理においては、それは嘘をつくことは不誠実だからであり、不誠実は悪徳だからである。

他方、徳論型倫理と結果論型倫理との違いはどこにあるか。すでに触れたが、違いは次の点にある。徳論型倫理は、結果論型の理論例えば功利主義の取るある基本的な主張を退ける。功利主義の立場は、どんな特定の事例においてもそこにおいて正しい行為はいかなるものかを決める決定手続きが形式的には存在すると見る。しかし、こういう議論を徳論型倫理は退ける。かくて、三つの立場の大雑把な比較ないし関係が示せた。(13)

けれどももちろん、以上に述べたことはまだ、徳論型倫理の特質を十分明らかにするものではない。徳論型倫理の特徴は、(1)少なくとも道徳的な二律背反の存在を認めること、それを敷衍して言えば道徳問題における「剰余」とも言うべきものが存在するという事実の認識と、(2)道徳的行為者の性格ないし人品の優位性ということにあると思われる。性格ないし人品がよいということが道徳的な行為において重要な意味を持つことは、他の立場でも認めることであろうが、ここではその優位性のあり方に力点がある。次にこれらの点について述べよう。

(ii) 徳論型倫理の特徴――「剰余」の問題

徳論型倫理や義務論型倫理にはあって功利主義にはない問題がある。それは、当の倫理的な指令が軋轢を起こすという問題である。徳には色々なものがあるが、その一つが奨励することを別の徳が禁止することがあろう。優しくあることと正しくあることが両立しないとか、昔なら孝と忠とが両立しないとかいう場合がこれである。しかし、功利主義にはそのような問題はない。もちろん功利主義といっても、何を以て幸福と考えるか、幸福概念において一致を見ないことはあろう。しかし、幸福概念が同じであれば、功利主義がその内部で両立しない倫理指令を出すことは起こらない。

倫理的な指令が軋轢を起こす場合、それを道徳的ディレンマと呼んでよいであろう。この観念に沿って、徳論型倫理の特質の解明を試みたい。もちろん道徳的ディレンマなど存在しない、という立場もある。道徳的ディレンマが存在するか否かという理論的問題と深い関係にあるのは、道徳的に解決不可能な問題というものが存在するかどうかという問題であろう。解決可能な道徳的ディレンマも存在するであろうから、これら二つは同じ問題ではない。しかしもし解決不可能な道徳的ディレンマというものが存在するなら、それはいろいろな帰結を生む。道徳的実在論が否定されるかもしれないし、道徳理論は行為の決定手続を与えるものだと言える可能性が否定されることになるかもしれない。

ふつう、道徳的に解決不可能な状況というのは、次のような状況のことを指す。すなわち、xということをするのも、yということをするのも等しく間違っているが、しかし当事者はxかyかのいずれかをしなくてはならない状況である。あるいは、二つの道徳的要求が軋轢を起こすが、しかしいずれかが他方に優越することのない状況である。

道徳的に解決不可能な問題の構造を吟味するにあたり重要な概念は、「剰余」という概念である。これは次のような場合に生ずる感情や行為である。すなわち、今我々が解決不可能な道徳的ディレンマに直面しているとしよう。このとき我々は何をしようとも道徳的要求を侵犯する。この侵犯は、遺憾、慚愧、悔恨、罪などの感情を持つこと、あるいは弁明をしたり、補償をしたりするという形で行為者に跳ね返る。これらの感情や行為が、「剰余」と呼ばれるものである。もっとも、応用倫理においては困難な事例が扱われるとき、ほとんどの場合そうした事例すなわちディレンマは解決可能なものと前提されている。あるいは正しい決定手続きが存在すると前提されている。しかし、それらは本当に解決可能であろうか。それらの場合には「剰余」が残るというのが正確なのではなかろうか。例えば、レイプの場合の妊娠中絶とか、ハンディキャップ幼児殺しなどの場合、どういう処置をしようと必ず、割り切れなさが残るであろう。もちろん、日本語の「割り切れなさ」というのはこの場合あまりにも弱い表現であろう。

応用倫理において「剰余」[14]を述べないのは、悲しむべき見落としであるのがふつうであり、いくつかの誤った議論の結果である。どんな道徳的ディレンマの場合にも、その二つの角の一方が道徳的に正しく他方は道徳的に間違いなのだとする考えは、日常的な思考の奥深くに根ざしており牢固として抜き難い。しかし道徳的ディレンマには、そのいずれの角をとっても、いずれも正しくないいずれも道徳的に正当化できないというものもある。ディレンマが、xという人（またはもの、または事）かyという人（またはもの、または事）という選択の形を取っている場合は、選択はそのどちらか一方であると思い込みやすいゆえ、間違った議論をすることに情状酌量の余地があるかもしれない。しかし、いかなる流れの行為に踏み切るかという場合、選択はxかyかという形でなく、第三の可能性があるのではないか。むしろ行為の流れについての選択をする場合は、そういう二者択一のなかに答えが含まれていることはまずないのではなかろうか。とすれば当然、第三の可能性を探究すべきである。

事情を明らかにするためにハーストハウスは、「道徳的に正しい決定」ないし「正しい道徳的決定」ということの二つの意味を区別すべきである、と言う。[15] このことをもう少し詳しく言っておこう。今、解決可能なある道徳的ディレンマがあるとし、xはyよりなお悪いとしよう。このときxよりyをするというのは、正しい決定である。それが道徳的な根拠に基づいて為されたことなら、それは道徳的に決定されたことである。それゆえそれは、「道徳的に正しい決定」ないし「正しい道徳的決定」である。こういう用法が、「道徳的に正しい決定」ないし「正しい道徳的決定」という語句の一つの用法（第一用法）である。しかし、これらの語句にはもう一つの用法がある。

道徳的に正しい行為があるとする。それは賞賛に値する、あるいは誇りに値する行為であるとしよう。またそれは、有徳の人がするであろうような行為であるとしよう。そしてそういう行為をするという決定をした行為者は、そうした行為が実現しなかったとしても誇るにたるのだとしよう。さてここで、その行為は実現しなかったと仮定する。それは残念であるが、それでもなお我々はその行為者が「道徳的に正しい決定をした」と言う。そういう行為者は立派であった、と我々は言う。この場合我々は、「道徳的に正しい決定」ないし「正しい道徳的決定」という語句を第二の意味で用いている（第二用法）。

これら二つの用法の違いはどこにあるか。次の主張を考察してみよう。「道徳的に正しいとされた行為が現に生じている場合、つまり行為者自身がしようと思ったことをしている場合、我々は道徳的に正しい行為をそこに見る」。この主張は第二用法に従えば、言うまでもなく真である。しかし第一用法では、真でなく偽である。それは道徳的に正しい決定であっても、道徳的に正しい行為でない場合があるということから知れる。

このことを説明するためにハーストハウスが用いる例は次のようなものである。今二人の女性A、Bに結婚を約束して妊娠させた男がいるとしよう。彼はもちろん一人の女性としか結婚できない。さらに仮定して、BよりもAを捨てる方が、より悪いのだとする。そしてこの男はAと結婚したとせよ。それは正しき決定であろう。けれども彼は褒められるに値するであろうか。否である。彼は非難にこそ値する。なぜならこの男は、Bを見捨てなくてはならない状況を作り出したのであるからである。彼は自らを恥ずべきである。

たとえ行為者が解決可能な道徳的ディレンマに自分の過ちのせいでないのに直面してしまったとしても、そしてその行為者が選択せねばならない二つの大きな悪のうち、よりましな方を選択しても、それは道徳的に正しい決定であるかもしれないが、道徳的に正しいまたはよき行為でない場合がある。(16) つまり、そういう選択の決定をしても、その行為者は心の内なる平安は得られず、自分の行為に満足できない（つまり「剰余」がある）場合がある。これをこれまでの哲学者は無視してきた。この無視の故に、多くの哲学者たちは、「道徳的に正しい決定」という概念をしばしば曖昧に用いて、本当はディレンマでないものをディレンマとして受け止めてきた。

次の二つの問いを比べてみよ。

（1）xをすることかyをすることか、いずれが道徳的に正しい決定か。

（2）xかyか、どちらが正しい行為か。

もし解決不可能なディレンマなるものが存在しなければ、（1）は、もしそれがディレンマなら、それはまことにディレンマである。見せかけのディレンマをなすものではない。しかし、たとえすべての道徳的ディレンマが解決可能であるとしても、（2）は本当のディレンマでないことがある。というのも、正しい答は「いずれでもない」というものであることも、十分あり得ることだからである。そのとき行為者はいずれの行為を選んでも、よき行為をしたとは言えない場合があるであろう。そのとき行為者は「剰余」に悩む。

「剰余」を無視するというこの傾向がこれまで支配的であったのは、規範倫理は「正しい行為」を解明し行為に指針を与えるべきものだ、という信念に多くを負うのであろう。功利主義や義務論型の倫理は、xかyか、いずれが正しい行為かを決定するという問題に集中してきたが、そういう決定において我々が「遺憾」や「慚愧」や「罪」を感ずるよう決心することは無意味である。どう感ずるかは決定で決まることではない。それゆえ、功利主義や義務論型の倫理は、これらの感情、すなわち「剰余」を切り捨て無視してきた。その意味でそれらの理論は「行為」に専心してきた。しかし、徳論型倫理は、「行為者」に問題を移した。そして「有徳な行為者ならこの状況においてどのようにするか」という問題に専ら心を配るのである。

功利主義や義務論型の倫理の論法は、近代自然科学の在り方に似ているところがある。近代自然科学の最初の発想は、自然法則ないし理論を実在を表現する真理と見なすものであった。この考えによれば、現象は包括的な法則からの演繹によって説明されることになる。しかし、法則が本当にそのようなものとして存在するか、という反省がやがて起こった。現象の科学的説明は、本当は厳密な意味では演繹でない形なのではないか。つまりその説明を演繹的な説明であるというためには、いつも ceteris paribus という条件の下で説明しなくてはならない。ceteris paribus というのは本来は、「他のことが同じであれば」という意味であるが、科学者の間では「他のことが正しければ」という意味に使われている。[17] つまり、ceteris paribus な法則とは、特別な条件、つまり理想化された条件の下でのみ成立するという意味である。換言すればそういう法則は、ceteris paribus という限定なしに用いれば多くの場合、偽である。この限定の下では真であるかもしれないが、しかしその法則がこうした限定なしに包括できる事例はほんの数少ないものであろう。教科書に出ている練習問題にはいつもこの限定が成り立っているものという前提がある。しかし現実の現象はそうではない。寺田寅彦は、一枚の木の葉が落ちるさまがどんなに複雑な現象であるかを随筆の形で書いている。現実の現象は複数の原因によって起こっており、そのような諸原因を総括的に述べるような一般法則というものは存在しない。それゆえ、このことをもっと端的に言えば、「自然法則は実在についての事実を記述する」という見解は誤りであることになる。もちろんここで真であると言われていることと、説明力があると言われていることとは別のことである。ここで我々は自然科学の法則の説明力を否定しているのではない。

このことを倫理の問題に移せばどのような教訓が得られるか。自然科学の描く状態は一種のモデル的な状態である。それは ceteris paribus という限定をつけることによって、多くの自然現象を近似的に説明できるモデルである。しかし、それはモデルであるから、実在の世界そのものを描いているのではない。功利主義や義務論型倫理もそのような一種のモデル状態を記述ないし想定して行為の決定（自然科学における現象説明に当たる）を行なおうとしている、と言っていけないであろうか。それが記述ないし想定している状態は実在そのものではなく、ある限定をつければ実在に近くなるような純粋または抽象的事態ではないか、つまり ceteris paribus という限定をつければ行為の決定に到るような、あるいはそういう限定なしには現実とかけ離れているような事態ではないのか。さらに言えば、倫理において自然科学における ceteris paribus に対応する因子の一つが、「剰余」ではないのか。功利主義や義務論型倫理は、この種の「剰余」を切り捨てた。しかし徳論型倫理は、この「剰余」を倫理の議論の中に取り込むことを一つの大きな課題としている。この「剰余」を切り捨てることは、この人生の真実をまともに受け止めないということであろう。「剰余」の切り捨ての一つの帰結が、解決不可能な道徳問題の存在の否定であり、逆に「剰余」の存在を認めることは、「x をするというのが、道徳的に正しい決定である」ということと、「x は道徳的に正しい行為である」ということとが（「剰余」を必至に伴うディレンマの場合）、二つに分離するということの認識である。

功利主義特に行為‐功利主義にとっては、解決不可能なディレンマは存在しない。この立場にとって人生はかなり直截である。それはいわば若者の倫理観である。それは若さに乗じて時に人間の尊厳を軽く見る。けれども経験を積み、人生は功利主義の立場が想定しているよりずっと複雑で難しいと考えるに到った人は、まず義務論型倫理に向かうであろう。だが、義務論型倫理もやはり解決不可能な道徳問題は存在しないというのを建前としている。人々は一般に、現実はもっと複雑であり、解き難いディレンマに満ちていると感じている。我々も現にそうではないか。義務論的倫理がこう想定するのは、義務論的倫理の多くは宗教に根ざしたものであるからかもしれない。神の摂理にとっては不可能はない。(18)しかしこのような信仰に対する正当化は理論的には存在しないであろう。

我々は、解決不可能な悲しきディレンマが存在すると実感する。これは徳論型倫理なら容易に認めうる主張である。なぜならこの立場は、決定手続を与えるということを目標としていないからである。この立場は、二人のまったく有徳な人物が同じ道徳的選択に直面したとしても、そして二人とも有徳な人として、その性格人品にふさわしく典型的な行為をしたとしても、選択が異なる可能性を認めるであろう。この立場での「正しい行為」の特定化は、不定冠詞付きのものであって、定冠詞付きのものではない。因に言えば、徳論型倫理は行為指導を与えない場合もある。xということをするのも、yということをするのも、いずれも「よき」行為であれば、徳論型倫理はいずれとも決めかねるし、両方ともよい行為だ、と言うであろう。これはいずれの行為も両方とも「見過ごせる」と言う意味では必ずしもない。両方ともよき行為でありうる場合があるのである。ところが「正しい行為」という概念は、行為の唯一性を示唆する傾向がある。おまけに、「正しい」の否定は、「間違っている」という意味に近い。それゆえ徳論型倫理は、「正しい」行為という言い方よりも「よき」行為という言い方を好む。もちろんそれは徳論型倫理が正しい行為に関心を持たないという意味ではない。しかしそれが第一義的な関心ではない。

だがここで反論があるかもしれない。もし解決不可能な道徳的ディレンマなるものが存在し、いかなる有徳な人もその状況からは手を汚さずには抜け出られないとしたら、その人は正しくない、またはよくない行為をしなくてはならないのであり、もしそういう行為をするのならその人は有徳な人ではないではないか、と。つまり、よき行為とは有徳者がその状況においてなすであろうような行為だとし、またある状況（解決不可能な道徳的ディレンマ）においては当の行為者にできることはすべて道徳的に悪しきことなのだとすると、その行為者は有徳ではありえないであろう。一体、「徳」とか「有徳者」とかいう概念は矛盾なしに成立するのか、と。

ある状況からは手を汚さずには抜け出られないということは、その状況からは必ず手を汚して出てくるということと同じではない。有徳な人ならそうして手を汚して抜け出すくらいなら死を選ぶこともあろう。人の命を助けるからといって、裏切り行為をしたり殺人をしたりするのを常識的な次元での道徳でも非難することもある。人を殺すくらいなら、むしろ自らの死を選ぶという行為はそのディレンマの一つの解決である。もちろんその解決は、非常に過度の要求ではある。そして行為者は、そもそも状況を脱出しない。我々は自らの死を選ぶ選択を排除しておこう。しかし解決不可能な道徳的ディレンマについて徳論型倫理はいかなることが言えるか。

問題状況は解決不可能であるから、この際、次のことを認めることから始まる。すなわち、一人の有徳な行為者が、同一の状況において、違った行為をするかもしれない、ということを。しかし、このことが「有徳者」ないし「徳」という概念の破産を招くのではないのか、という批判に我々はどのように答えることができるか。

この批判は、悲劇的なディレンマとは、そこにおいては有徳者もやむなく手を汚して脱出する状況であり、仁愛に満ち、誠実で、公正なとされている行為者が、無情で、不誠実で、不正に行為するよう強いられる状況であるという。しかし徳論型倫理は、そういう状況は存在しない、と答える。その意味は、仁愛に満ち誠実で公正なとされている行為者は、悲劇的なディレンマに直面したときでも、無情で不誠実で不正に行為する人が無情で不誠実で不正に行為するようには、無情で不誠実で不正にには行為しない、という意味である。すなわち有徳な人は、無情で不誠実で不正に行為する人のようにしらじらと、あるいは好んで行為するのでなく、無限の嘆きと苦痛を以て行為するのである。それゆえ、悲劇的なディレンマに直面したときは、有徳者でも悪しき行為をすると言わねばならないことはない。たしかに、まことの悲劇的なディレンマにおいては、有徳者も恐ろしいことをしないでは切り抜けられない。その行為者を、よく行為したとは言えない。しかし、そこから帰結するのは、「有徳者」の不可能性ではなく、有徳者すら自らの人生を傷つけないでは脱出できないような状況があるということの可能性である。有徳者ならば、彼の残りの人生を悲しみに包まれさいなまれて過ごすであろう。(19)

「よき」行為というものは、何らかの規則や原理を先行させてそれによって決められるという体のものではない。還元論や正当化主義的な方策は徳論型倫理の方法ではない。これらは「正しさ」を決める場合には良策でもあろう。しかし「よき」ことを決めるアルゴリズムはないのである。徳論型倫理においては、「よき行為」は「正しき行為」の代用物ではない。また「よき行為」は、有徳なる人の行為によって決定（還元論的に）されるだけのものではない。つまり徳論型倫理は、有徳な行為者が行なうことを、それだけのことで「よき行為」と呼ぶのではない。ある行為がよき行為かどうかは、慎重に色々なことを考えた上でなされるのである。もちろんそれは正しい行為ということに概念的に関連があるであろうし、有徳な行為者の行為にも関連がある。同時にまたそれは、よき生、エウダイモニアにも概念的に関連するのであろう。[20]

(iii) 徳論型倫理の特徴——人柄の優位性について

徳論型倫理は、行為の評価を行為者の性格によって説明する点に、その特徴の一つを持つ。すなわちそれは、「正しい行為」の特定化を、「有徳な行為者が、有徳という人柄ないし人品に特徴的で典型的な仕方で、当の状況においてするであろうような行為である」という形で説明する。これは、基本的な道徳的事実を、人格・人品に関する事実に置くことに他ならない。このことは一見簡単な主張であるように思われよう。しかし実は、ここにも複雑な問題が潜んでいる。

前節において我々は、道徳的ディレンマの存在を認めた。道徳的ディレンマは必ずしも悲劇的ではなく解決不可能でもない。だが悲しいことに、我々の人生はバラ色ではない。我々は悲劇的状況が存在すると考える。のみならず、解決不可能な道徳的ディレンマも存在すると考える。それゆえ我々は解決不可能な悲劇的道徳的ディレンマが存在することを認める。ここで問題が生ずる。

悲劇的ディレンマという状況においては、正しい行為を説明するのに上述の仕方を取ることはできない。つまりそういう状況に関しては、「正しい行為とは、有徳者がその状況において、有徳といわれる人柄・人品に典型的な仕方でするであろうような行為である」と言うわけにはいかない。なぜなら、悲劇的状況というのは、それが解決可能であれ不可能であれ、有徳者ですら脱出できないか、脱出しても人生を傷つけた形でしか抜け出せない状況のことだからである。もっともこのことは、有徳者もこの状況からは悪しき行為をして悪徳者として出てくるということとは、区別すべきではある。けれども問題は、なされた行為に道徳的評価を与えることができないことにある。もしその悲劇的状況が解決可能であれば、その状況における適切な道徳的指導（一番ましな選択を与えること）はありうるかもしれないが、それに従ってなされた行為に道徳的な評価を与えることはできないであろう。つまりその行為は道徳的には正しくない[21]。悲劇的状況が解決不可能なものである場合は、道徳的指導が出てこないばかりか、道徳的評価も出てこない。

この問題を逃れるために、悲劇的状況の中では、正しい行為の特定化の定式中の「有徳といわれる人柄・人品に特徴的・典型的な仕方でする行為である」という条件が満たされていない、という解釈を取る人もあるかもしれない。しかしそれはあまりにも「間に合わせ的」な解決である[22]。そういう解釈を認めるなら、悲劇的状況においては有徳者は有徳ではないことになる。そこでハーストハウスは、正しい行為の特定化の定式をいくらか修正する。それは以下の三点である。（1）行為の導きと行為評価とが別になる解決可能な状況があるとし、（2）有徳者はいつも有徳なことをするという自明なと思われる命題を、解決不可能な状況では、放棄する。しかし（3）、上記定式の基本的な考えは守る。基本的な考えとは、人品人柄の優先性のことである。しかし、人柄・人品が、行為より優位にあるという主張はさまざまな意味に取られうる。

　徳規則と有徳な人柄とは概念的に関連を持つ。そして有徳な人柄は一つの模範という形を取ることもあろう。有徳な人のあり方が、そういう役を果たすことがあるのを否定する必要はない。しかしこれは、有徳な人を知らなければ我々は徳規則を理解できないということではない[23]。肝腎なことは、有徳な人という概念は、それら徳規則の文字通りの理解以上のことを含んでいる、ということである。それは行為規則はもとより、徳規則よりも、もっと深く包括的な概念である。このことを説明しておこう。

　まず人柄とはいかなるものか。人柄の概念が人間本性という概念と関連を持つことは否定しないが、すでに見たように、道徳的な規則を演繹できる基礎となるような人間本性の観念を我々は持たない。人間本性という概念は、我々が持つ理解に従えば、ゆるやかな統制概念でしかない。まして我々がここで求めている倫理的な人柄、つまり徳ある人柄とはいかなるものかということに対する答えは、人間本性の観念から直接には出てこない。

　徳ある人柄について論ずるためには、いかなるものを徳とするかについて述べるべきかもしれないが、ここでは徳の内容には立ち入れない。ただ次のように言っておく。徳とされているものが真に徳というに値するかどうかは別として、それはそれぞれの社会において一応の独立性を持って定まっている、と。あるいはアリストテレスが述べているような諸徳のリストなどを思い浮かべて頂きたい。そうであるとすれば、人間の行為に冠せられる徳・不徳の形容詞の用法も、ある意味でそれぞれの社会において歴史的に社会的に定まっていることになる。その用法はいかなる意味でも絶対的永遠的ではないとはいえ、ローカルにはある程度の客観性を持っている。だから子供は、徳概念を使用できるようになる前に、親から行為の「よし・あし」や、どんなことが徳や悪徳であるかを教えられる。

しかし徳不徳の規則だけでは、悲劇的状況とまで言わずとも、具体的な状況に適切に処することはできない。我々はそこから更に先へ進まねばならず、その際、人柄は行為に調節を与える。これが人柄の概念が優位性を持つという意味である。つまり行為の調節は、「有徳者ならどうするであろうか」ということを理解することによってなされるであろう（危険を冒したり苦痛に耐えたりする勇気は、有徳な人（勇気ある人）がそうするであろうときに限り徳である。そうでなければそれは暴虎馮河の勇であるかもしれない）。道徳的な賢者（有徳者）は理性（知慮）を働かす。すなわち知慧を持つ。人品・人柄が徳規則よりも優位（一次的）にある、とハーストハウスは言うが、その意味は、行為はそこから発動するという意味である。我々は徳の字義的な理解を越えてもっと複雑で入り組んだものへと向かわなくてはならないのだ、という意味である。つまり人柄は、それぞれの状況における当の行為者の行動を調節するものだ、と彼女は言うのである。[24] それゆえに個々の行為よりも行為者の人柄の方が重要なのである。行為は人柄の徴候に過ぎない。

ここで注意すべき重要な点が少なくとも二つある。第一は、（1）徳論型倫理における人柄概念の優先ということは、徳や悪徳の概念をも「有徳な人柄」の概念に還元して説明するという構想のことではない、ということにある。あるいは、そういうことを目指している徳論型倫理もあるかもしれないが、我々はそれは取らない。第二に、（2）悲劇的な状況においては、有徳者の行為も有徳ではない。それゆえ、人柄概念の優先性ということが、「おぞましき行為」の還元論的定義を「有徳（ないしおそらくは悪徳）なる行為者」という概念によって与えることであるはずがない。要するに徳論型倫理は、そうした還元論的議論を提唱するものではないのである。

4 徳についてのいくらかの説明

人柄が優れている（卓越性）ということが、その人に徳があるということであろう。しかし人柄が優れているとはどういうことであろうか。人柄をどのようにして評価すればよいか。[25] その解明のためまず予備として、「もの」や事柄の評価はいかになされるかを考えてみよう。

端的に言って、ある「もの」が「よい」とされるのは、それが持つべき諸部分をきちんと持ち、その各々がしかるべき機能を果たすことであろう。例えばここに埋もれ木があるとしよう。「これは、いい埋もれ木だ」という場合、それは埋もれ木としてよい（例えば形がよいとか、飾り物になるという意味で「よい」かもしれない。しかしそれは木としてよいわけではない。木として「よい」ためには、それは生きていなくてはならず、幹を持ち葉を持つのでなくてはならない。すなわち、木としての諸部分が備わり、それらの働きが健全でなくてはならない。

植物の場合に比べて、動物の場合は、少し複雑になる。ここに、姿形のよい狼がいるとする。それは運動能力も優れているとしよう。その狼は「よき」狼か。今、その狼は、群れから外れた「一匹狼」であるとしよう。しかし狼は本来、群棲動物である。それゆえ恐らくその狼は、狼としては健全ではないと我々は見るべきなのであろう。評価の問題を動物の場合から人間に移すと話はもっと複雑になる。

よき虎や狼というものの規準、つまりそれに特徴的であり典型的な性質は、まだ考えやすい。それは大体一定していると思われるからであるから。しかし、この点において人間は他の動物と極端に異なる。人間に共通な特徴というものを、人間を動物として見るということ以上に踏み込んで、つまり人間を人間として見るというパースペクチヴに置いて考察するとき、人間に共通な性質というものは発見しにくい。実際、「人間本性」についての多数の定義ないし解釈が思想史の上で提案されてきた。そこには意見の一致はないと言わねばならない。「人間本性」についてそうであるなら、ましてや、「よき人間」という概念には、実質的な定義は与ええないのではないか。事実、人間は現に、歴史的・社会的に同じところで生活していても人により非常に違う生き方や反応をしており、一つの規準には収まらないように思える。もちろん、もし人間がよきにせよ悪しきにせよ進化するのなら、人間の人間としてのよさは固定できないであろう。

しかし、ひょっとすると、こういう言い方は考えの方向が間違っているのではないか。我々はむしろ『春秋』の筆法を以て、次のように問うべきではないのか。つまり、このように人間の特徴を固定できないということ、人間のあり方は極めて多様であるということにこそ、他の動物と違う人間の本性があるのではないか、と。

もしこの問いが正当な問いであるならば、これは当然次の問いを生み、我々はそれに答えねばならない。すなわち、人間の持つその多様化や個性化を可能にしているものとは何か、という問である。そして、そのような何ものかがあれば、それこそがまさに人間が共通に持つ特徴を示すのではないか。しかも、それは人間が他の動物と違って極めて多様なあり方をしていることを説明するものであるから、それは、人間にあって他の動物にはそれほど顕著でないものでなくてはならない。そして、そういうものは、理性以外のものでありえようか。人間が多様化個性化を通じて、よりよき方向へ進んでいくとすれば、それは人間が理性を持つということの別の言い方であるに過ぎない。

今、このことを少し別の角度から見てみよう。大雑把にいうとすれば、人間は意識ないし心理を持つ。もちろん人間以外の動物も、いわゆる高等動物はそうである。人間以外の動物にも快や苦痛を感ずるものがあり、また象や狼などは仲間意識や指導者を持つという意味で人間と共通な点があり、さらに、動物の中には遊ぶことを心得ているものも存在する。この点について、人間とそれらの動物の差異はと言えば、人間の場合はこうした点の発達において著しいということである。しかしだからと言って、人間の人柄の評価は、高等動物の評価と同じ方法で定まるであろうか。恐らく答えは否である。というのも、人間評価には倫理的評価ということも不可欠な要因だからである（すくなくとも私は、我々はそう考えている、と理解している。私は間違っているのであろうか。人間が倫理的になったのは進化の途上の偶然的結果であるかもしれないが、大概の人間が倫理的になった以上、倫理的であることは人間にとって今や不可欠の要因である）。狼が社会性を欠いている場合のマイナス評価は、そうした狼は種の繁殖という面からの欠陥を持つというものであって、まだ倫理的評価というほどのものではない。倫理的評価ということは、動物ではなく人間において初めて顕著な営みではないのか。

しからば倫理的・道徳的に見て「よき」人間とは、他の動物と違うどのような特徴を持つもののことであるのか。上で植物や動物について述べた評価は、自然主義的見地つまり生物学的な次元での評価であった。そうした見地からも人間について評価ができることは当然である。しかしそれは、人間を人間として評価することではない。それでは、人間についての評価特に倫理的な評価は、一体どのように進められるであろうか。

我々の考える所では、倫理性や道徳性を、倫理的道徳的でない何事かに訴えて、いわば外からそれを正当化したり評価したりすることはできない。すなわち単なる外在的な観点から倫理性や道徳性を論ずることはできない。もしそうなら、生物学的な見方を延長しても、倫理的な存在としての人間の評価には到りえない。倫理的道徳的な人間評価をするためには、まずそういう次元に入らねばならないのである。その上で、そういう次元で「よく」生きる能力を持つことが「徳」あるということであろう。我々はできるだけ自然主義的な立場で考えるということをすでに宣言し、さらに人間が感覚や欲求だけでなく、感情をも持つ動物であり、群棲動物であり、社会的動物であることをも認めた。そしてまた我々は、人間がよりよきことへ、また客観的な理解へと進みうるものであり、それを目指していると言ってよいと思われる。そして、このことが可能なのは、我々が理性を持っているからに他ならない。このことを逆にいえば、我々が環境に対して行なう反応は、単に物理的でも気質的でもなく、情念や欲求のみならず理性に基づく社会的な人間としての反応であるということである。これらが人間の機能のさまざまをなすのであるから、これらにおいて「よく」生きるということが人間としてよい（倫理的道徳的によい）ということの一部をなすでなろう。つまり、我々が倫理的に「よい」存在であるということは、これらの反応において「よく」やっているということである。そして自己の機能をよく発揮しうることが、徳（卓越性）があるということである。このような徳を多く備えた人間が優れた人間ということであろう。

しかし、どんな機能においてどのように優れていることが、人間としての機能において優れていることになるのか、なお問われるべきかもしれない。これに対し詳しく答えることはできないが、人間としての機能において優れていることの一つの条件を述べておこう。人間の機能は身体的だけではなく、欲求や情的なもの、また知的な機能をも含む。したがって人間の倫理的評価は、身体的機能だけではなく、情的な知的な機能を含む評価であろう。そしてまた社会における適応性も徳の一つの要因であろう。それゆえ人柄の倫理的評価は、これら全体を含めた意味での評価であろう。身体的機能が優れていてもそれだけでは、人間としてよき人間とは言えない。同じく、知的に優れていてもその他のバランスを欠いている人は、人間としてよいとは言えない。逆に、感情に欠陥があったり知性に欠ける人間は「よき」人間ではない。何か一つの点で優れていても、バランスが欠けていたり、あるいはバランスを破壊するような特性を持つ人は人間としてよいとは言われない[26]（徳の統一性の問題）。これが有徳であることとの最低条件である。

5　おわりに

以上いくらか徳論型倫理について述べた。しかし、本来論ずべき多くの問題がまだ残っていることは言うまでもない。例えば、徳論型倫理においては、道徳的行為発動の動機はどうなっているかという問題がある。その際、理性と情念や欲求との関係はどうなっているのか。また、「徳」を持つことと人間の人間としての幸せ（エウダイモニア）との関係はどうなのか。人間における倫理的評価がどのような順序で形成・展開されるのか。そして我々の持つべき「徳」はどのようなものか。倫理的判断や知識の客観性、合理性はどのようにして成立すると言えるのか。多くの問題がなお残る。しかしここでは残念ながら、これ以上論ずることはできない[27]。また、ここでそれらを論ずるのは不適切である。

不適切という理由は少なくとも二つある。その第一は、本章は徳論型倫理の全体を正面から浅れなく扱うことを目的としていないということにある。言うまでもなく本書は、「なぜ我々は道徳的か」、「我々はどうして道徳的になったのか」という問題を扱おうとしたものであり、その際、その系として明らかになったのが、倫理や道徳についての我々の立場は、徳論型倫理と切り離せないということであった。しかし徳論型倫理は、わが国においてのみならず、欧米においても近代の思想史上であまり重視されずにきた。それゆえここで徳論型倫理についてその特徴を簡単に紹介しておく必要を感じ、このエピローグがここに付加されたのである。

第二の理由は、今多くの問題が残ると言ったがそれらの諸問題は、系統的にではないが散発的に本書ですでに取り扱われているからである。ほとんどの場合、そうした問題については、少なくとも問題解決の手がかりと私が考えているものがどんなことかを示すような形で、先行の各章においてすでに議論されている。それゆえ、それらを再び取りあげることは、たとえ徳論型倫理を系統的に述べるためであっても議論の重複を招来する。それゆえここでは、このような形で終わるべきである。もちろん、徳論型倫理をより包括的にまた詳細に論ずることは有意義であり大切なことである。しかし、それはここでの我々の課題ではない。

注

序　章

（1）Prichard (1912)
（2）Williams (1972)

第一章

（1）cf. 塩沢由典『市場の秩序学』pp.182-85
（2）E. Anscombe (1958)
（3）Sephen Darwall, Allan Gibbard, & Peter Railton (1997a)
（4）cf. R. Crisp, and M. Slote (1997)
（5）cf. Leslie Stevenson, & David L. Haberman (1998)

第二章

（1）R. Hursthouse, p. 17.
（2）cf. Blackburn (1998).
（3）第三章―第五章。
（4）P. Singer:Ethics and Sociobiology, *Philosophy and Public Affairs*, vol. 11, no. 1, 1982.
（5）E. O. Wilson: *On Human Nature*, pp. 198-9.

第三章

（1）John Maynard Smith, & G. R. Price (1973)
（2）Ridley (1996).
（3）op. cit.
（4）op. cit.
（5）ヒュームの道徳論。

第四章

（1）松沢哲郎『チンパンジーの心』参照。
（2）Richard Dawkins (1986)

（3） ibid.
（4） ibid., p. 62.
（5） Rodd（1990）, pp. 34-7.
（6） ibid., chap. 10.
（7） 宝来聡『DNA人類進化学』に基づいて私の理解をこう表現した。この表現が正しくなくても宝来氏の責任ではない。ただし此処の問題は、人間どうしの差異は、人間とチンパンジーとの違いに比べると、文字通り桁が違う、という事を言うことにあり、正確さは重要な問題ではない。また、人間とチンパンジーとのDNAにおける差異についても、それは一％なのか二・五％ぐらいなのか、科学者によって少し差があるが、私はどれが正しいか、決定する立場には勿論ない。しかし、いずれにせよ人間とチンパンジーとの違いは、素朴な直観が示唆するよりずっと小さいものだという事では科学者の意見は一致している。此処であまり正確さを求めるのは、現在のところ意味がなかろう。
（8） Cosmides, & Tooby（1990）.
（9） D, J, Futuyama（1998）, chap. 26, p. 741.
（10） Cosmides, & Tooby（1990）.
（11） ibid., p. 24.
（12） ibid., p. 42ff.
（13） ibid.
（14） ibid., p. 43.
（15） E. O. Wilson（1978）
（16） ibid., p. 61, p. 62.
（17） ibid., p. 62.
（18） J. Q. Wilson（1993）pp. 7-8.
（19） Matson（1994）.

第五章

（1） Damasio, A.（1996）
（2） ibid., p. 51.
（3） ibid. esp. intro.
（4） Locke: *Essay*, II, xxviii, 7-14.
（5） Schneewind（1998）
（6） Blackburn（1998）p. 134.
（7） ibid., p. 135. なお（2）の規則の訳は言葉どおりの訳ではない。原文は、'never give a sucker an even break' である。

（8）Cosmides, & Tooby（1992）.
（9）Wason（1966）
（10）Schneewind（1998）, also Sayre-McCord（1994）.
（11）cf. Blackburn（1998）.
（12）Blackburn（1998）pp. 16-18.
（13）Hume: *E. M. P.*, IX, 1, pp. 272-3.
（14）Hume: T. 303, T. Bk. II, Pt. 2, chap. xi;T. 365, T. 589, T. 620-1, etc..

第六章

（1）Davidson（1973）.
（2）Hume, *E. M. P.*, sect. I, §136, p. 172.
（3）Blackburn（(1971)
（4）ibid.
（5）この点に関するブラックバーンの議論はすこし難しいので、敢えて重複を顧みず補足しておきたい。彼は（E）命題の主張するところは、道徳的性質が自然的な性質と同一であり得ないことではない、と言う。ブラックバーンはここで道徳的性質と自然的な性質との同一性を否定しようとしているのではないというのは、同一性は、自然主義的命題と道徳的命題の相互含意を保証するが、その逆は必ずしも真ではないからである。G・E・ムアは、道徳的性質と自然的な性質との同一性を否定する論証を行なった。しかしここでは、この二つの性質について、その同一性を議論する必要はない。もちろん、肝臓を持つものはすべて腎臓を持ち、その逆も真であろう（つまり両者の外延は同じである）。しかし、肝臓を持つことと腎臓を持つこととは同じではない。と言う意味は、肝臓を持つものはすべて腎臓を持つという同一性は、事実そうだという非必然的なものであるということである。この同一性の成立しない可能的世界を想定しうる。また自然的性質は持つが道徳的性質は持たない事態はいくらでも存在する。それゆえもし自然的性質を持つものが同時に道徳的性質を持つとしても、問題解決上での進歩はえられない。なぜならそうした自然的性質をもつ事態はどのような事態かを言わねばならず問題は元に戻ってしまうからである。ブラックバーンの論点は論理的な次元のものであり、次のようなテーゼは成立しないという意味であろう。すなわち「ある性質Fが、ある性質Gまたは G を成員として包含するようなある性質と同一であるなら、「Fa と Ga は含意関係にある」というテーゼには、反例が存在するということであろう。つまり、FはGにスーパーヴェニエントであると言われるとき、GであってもFでないような事例が存在する可能的世界があるということであろう。もしすべての道徳的命題が自然的な事実命題と同一であるなら、還元論的な自然主義的道徳論が正しく道徳的実在論は意味を失う。さらに、（E）命題は必然的に道徳的性質の帰属の理由となるような自然的な性質は存在しないという主張でもない、と彼は注意する。そういう主張と事実と規範の区別とは別のことである。Pは、それがQということを成立させる理由であるのは必然的であるごときものだとすれば、Pであることを知れば必然的にQへの信頼が増大するはずである。今、ある自然的な性質Pがあって、ある事物がその性質Pを持つことは、Q（その事物がよいものであるということ）への信頼を増大させるはずのものであるとしよう。こういう性質は存在しうるであろう。しかしこれは、（E）命題の偽であることを帰結するであろうか。否であろう。なぜなら、それは、Qであることを決定的に帰結するものではないからである。つまり、そう帰結しうるとしても、それは他のことをも考慮した上であろうからである。そしてまたさらに、第三に、（E）命題は、道徳的性質を帰属させる基準というものの存在を否定するものでもない、と彼は論ずる。こうして彼の出す結論は、（E）命題の重要性は、道徳的性質と自然的な性質の間に含意関係の存在するのを否定している点にある、ということである。というのもこれは、事実と価値（規範）とを区別しつつ、道徳的実在論を弁明するスーパーヴェニエンスの議論を破壊するものだからである。cf. Blackburn (1971), (1988).

（6） ibid., p. 110.

（7） Blackburn (1998)

（8） Blackburn (1988)

（9） Blackburn (1998), et al.

（10） Blackburn (1998).

（11） Hume, T. 167.

（12） Axelrod (1984). なお、邦訳題名は、『つき合い方の科学』となっている。

第七章

（1） *E. P. M.* 9., pp. 272-3.
（2） Blackburn（1998）p. 202.
（3） Hume, T. 620-1,; T. Bk. Ⅱ., esp. 303; Bk. Ⅱ., 2, xi (of the Love of Fame); T. 365, T. 499;T. 589.
（4） Blackburn（1998）p. 203.
（5） ibid., p. 206.
（6） Hume: *E. P. M.,* p. 282.
（7） Blackburn（1998）p. 206.
（8） ibid..
（9） ibid., pp. 206-7.
（10） Blackburn（1998）p. 209.
（11） Hume, *E. P. M.*, p. 283.
（12） Hume, T. Ⅱ., iii., 3. p. 424; T. Ⅲ., i., 1, p. 459; Ⅲ., ii., 7, p. 536.
（13） Hume: T. 438.
（14） 拙著（1993）、（1996）参照。また以下を見よ。
Hutcheson: *Systems of Morals,* vol. 12, chap. 1, sect. v., pp. 8-9;
: *Short Introduction to Moral Philosophy,* Bk. 1., Pt. Ⅱ., sect. 5, p. 8;
Shaftesbery: *An Inquiry concerning Virtue, or Merit,* Bk. Ⅱ., Pt. Ⅱ., sect. Ⅲ., para. 141, 142;
Hume: T. 574.

第八章

（1） 例えば、Frankena（1963）の他に、Harman（1977）〔邦訳題名は『哲学的倫理学序説』産業図書、1988〕; Broad（1830), Toulmin（1964）など。また、序でに言えば、ニーチェの『道徳の系譜』は、弱者の立場と強者の立場とからの道徳の発生をそれぞれ述べている。それは、私の問題と共通する点を持つものではあるが、彼の議論は、社会がある特定の形を取っている事を基礎にして議論しているという限界がある。
（2） 第一章を参照せよ。
（3） Frankena（1963）
（4） Harman（1977）〔邦訳題名は『哲学的倫理学序説』〕。また本章注（1）を見よ。
（5） Broad（1830). なお原書題名は、*Five Types of*

Ethical Theory, である。また S. Toulmin (1964).

（6）ブロードによるスピノザ説の特徴づけについては、少しコメントが必要であろう。というのは、スピノザの倫理学説がエゴイズムの立場だというのは、少し誤解を生むかもしれない主張だからである。すなわち、スピノザの認識論において知識が三種に分かたれていることは哲学史上での常識であるが、ここでブロードがスピノザをエゴイズムの立場に立つものとするとき、この第三種の知識のレヴェルは除外されているからである。スピノザのいう第一種の知識は、感覚と観念連合による想像ないし心象の段階のものである。これは、混乱を含んだ不完全な理性の段階と見てよい。第二種の知識は、理性による洞察であり、これは第一種の知識に基づいているが、その偶然性を免れている。第三種の知識は、直観知であり、これは解脱の知であり最高の知である。この三つの認識の進みをそれぞれ、実体、属性、様態という、形而上学的な規定に合わせて言えば、第一種の知識は、「様態」を孤立的に見る感覚ないし想像の立場であり、次いで第二種の知識は、「様態」を「属性」の立場において無限に追求する「理性」の立場となり、最後に様態を神（実体）の変容として「直観」するに至るのである。この進みを、認識においてのみならず感情や意志について実現することが、スピノザの倫理や宗教となる。このことをなすために、スピノザは二つの前提をおく。一つは観念説の採用である。感情や意志の根底には、観念が必ず存在するが、その逆ではない。観念が認識の根底になる。第二にスピノザは、ホッブズに倣って、自己の根源的存在としてコナートス（conatus）を考える。これは、自己保存の力と考えておいてよい。このコナートス（努力）をもとにして、欲望、快、不快という三つの基本的感情が生まれる、ということになる。詳しいことはここでは論じられないが、快、不快というのは自己保存と言うことと表裏をなした基準であり、第二段階での立場は、エゴイズムということになる。ただ私はブロードとは逆に、スピノザが、第三の段階を置いていることを非常に重要だと思う。なぜなら、同じことを逆に言えば、スピノザの議論が示唆しているのは、我々は第三の次元を置かないならば、つまり単なる理性の次元にとどまるかぎり、我々は倫理的であるよりは思慮ないし知慮（プロネーシス、deliberatio, prudentia）の次元に留まらざるを得ない、ということであるように思われるからである。

B. de Spinoza: *Ethica Ordine Geometorico Demonstrata.* スピノザは、一六七七年に没したが、本書は死後出版である。邦訳は『エチカ』で通っている。

（7）Frankena（1963）

（8）Frankena（1963）

（9）以下の議論は、『ニコマコス倫理学』による。

（10）Kant: *Grundlegung zur Metaphysik der Sitten*, 1785.

（11）Harman（1977）.

第九章

（1）道徳的動機、性格、道徳的な知慧ないし見識について、また本当の幸福とは何か、私はいかなる人間であるべきか、どのように生きるべきか、友情とは何か、家族関係とはなにかというような問題を、戦後の倫理学が集中的に論議したとは思えない。もちろん道徳教育の必要は時々叫ばれたし、政策が打ち出されたりしはした。しかしそれらは倫理学の理論的裏づけを持つものではなく、表面的な施策であり、それだけにいっそう当時の若者の本能的憎悪と戦前戦中の経験をもつ識者の反感を買った。

（2）例えば、O'Neill, O.（1984）; Crisp, R.（1992）, etc..

（3）Hursthouse, R.（1999）, p. 4.

（4）もっとも徳論的倫理はハーストハウスも言うように（ibid., p. 5）、倫理学における第二の立場を目指しているわけではなく、三つの主張はそれぞれ倫理における方法であり、どの立場に立つかということは将来あまり意味のないことになるかもしれない。ここで行なおうとしていることは、徳論型倫理を他の二つに対するライヴァル理論として位置づけようということではない。

（5）ibid. p. 17. p. 25.; see also OkeleyJ.（1996）.

（6）Hursthouse, R.（1999）, p. 28. この定義が有効であるためには。まず「徳」ないしは「有徳な人」という概念を明らかにし、なすべき行為を徳がどのように特定化するかを説明しなくてはならない。

（7） ibid., pp. 26-7.

（8） cf. ibid., p. 27. この概括が不正確であるというのは、それは義務論の場合、「正しいこと」から、つまり「適正な道徳的規則ないし原理」という概念から出発するということを意味しようが、すべての義務論が「正しいこと」という概念から議論を始めるわけではない。そのように始められるのは、究極的な行為‐義務論の場合だけである。またこの概括が規範倫理にとって最重要な概念を取り出すものであるとすると、功利主義の場合、「よきこと」の概念は「結果」ないし「幸福」であるということになろうが、その内容がいかなるものかということについての合意は必ずしも成立していないことは、周知のとおりである。この点について、義務論の場合は状況はさらに悪い。最重要概念は何かということについてさえ立場により答えはさまざまである（例えば(a)‐(d)）。

（9） ibid., chap. 1. esp. p. 28

（10） ibid., p. 31.

（11） ibid., p. 35.

（12） 道徳教育は行為のパターンを教えることから始めた方がよいというのは、正しい意見ではない。例えば戦前のわが国の道徳教育のことを想起してみよ。そういうタイプの道徳教育は、型に嵌った人間をつくるだけのように思われる。道徳教育はことに際し適切に処せる人間、状況においてしかるべき判断と行為のできる人格の形成を目的とするのではないか。もちろん例えば誠実（徳）であるためには、嘘をつかない（ある行為の禁止）ことや約束を守ることは大事なことであり、恐らく不可欠なことである。しかし、嘘をつかないというだけでは、誠実というには当たらない。真理を愛するという心がなくては誠実ではない。だから誠実な人間を育成するためには、嘘をつくなと教えるだけでは十分ではない。誠実な人間なら、事にあたってしかるべき判断をするよう努力するであろう。徳論型倫理は、正しい行為の問題を無視するのでなく、それよりもっと広い問題を視野に入れているのである。つまり人間の形成という問題を。これに対し他の二つの立場は、これまでのところまず行為の問題に集中してきた。

（13） ibid., pp. 39-40. 因に言えば、徳論型倫理は有徳的でない存在でも正しく理解でき、また正しく適用できるような規則や原理の条文化が可能であるとは考えない。このような強い意味での倫理原則の綱領化は徳論型倫理の認めるところではない。しかも、そのような強い意味での規則や原則の綱領化が現実的であるかどうかははなはだ疑わしい。疑わしいという意味は二つある。その一つは、原理や原則という一般的で抽象的なものと具体的な道徳的状況の複雑な特殊性の間には、覆い難いギャップがあるということが、最近ますます強く意識され出したという事実に基づく疑いである。つまり、同じ抽象的な原理に立ちながら、道徳の健全性を持つが違った内容の結論を主張することになる実例が、倫理学の応用面において多数見出されてきているのである。そしてもう一つの疑いの基礎となる事実は、徳論型倫理が示したことであるが、例えば医療のような人間存在の複雑な要素が絡む事柄に従事する人（つまり医者や看護婦など）は、単に道徳的であるだけでなく、道徳的な知慮を持たねばならないことがますます明白になってきたという事実である。

（14）ibid., p. 45.

（15）ibid., p. 47.

（16）ibid., p. 51.

（17）Cartwright, N.（1983）p. 45.

（18）Hursthouse, R.（1999）, p. 65.

（19）残余を感ずることを単に感傷的と考えてはならないであろう。この感じが道徳感の向上をもたらしうるのである。無感動な人は道徳向上どころか、道徳そのものすら身につけえないであろう。

（20）ibid., p. 78.

（21）言うまでもなく悲劇的状況とは、そこからは行為者はよく行為したものとして脱出することができない状況であり、行為者はそもそもその状況から脱出しえないか、たとえ脱出しえたとしても以後彼の人生は傷ついた人生となり、彼は一生悲しみとともに生きることになるような状況のことである。

（22）ibid., p. 78.

（23）ibid., p. 80.

（24）ibid., p. 81.

（25）以下の議論はハーストハウスによる。

（26）ここで徳の統一性のことをさらに論ずべきであるが、ここでは果たせない。この問題についてすぐ想起されるのは、アリストテレスにおける「中庸」

の観念である。また、徳の統一性について興味ある問題は、有徳でありながら悪しき社会の指導者でありうるのか、つまり、ギャングの親分でありながら有徳であることは両立するのか、または、有徳とギャングとは両立する概念か、というような問題である。なお以下の議論はハーストハウスに負う。

(27) これらの問題の他にも、道徳の文化依存による相対性の問題など興味ある問題があるが、それらは具体的な事例を求めつつ論ずるのがよいであろう。ことにわが国の道徳はこれからどうあるべきか、それを過去の実情に照らしながら考察すべきであろう。今後の私の課題の一つである。

あとがき

前著『モラル・サイエンスの形成――ヒューム哲学の基本構造』の「はしがき」において、私は、一つの推測を述べた。すなわち、ヒュームの構想は、進化論と背馳するものではないであろう、と。なるほどヒュームの帰納主義的な知識論は、知的世界の進化的開放性と相容れないと思われるかもしれない。しかし、事実推論についての彼の知識論は、進化論的発想と相携えるに吝ではない。それどころか、むしろそうすることによって彼の自然主義は、人間の知性の合理性について、合理論よりももっと柔軟な考えを打ち立てうるものであった（拙著『ヒューム研究』参照）。

この度の論述は、一見、この見通しに沿うものであるように思われるかも知れない。しかし実は本書は、ヒュームを意識して書き始めたものではなかったのである。つまり、その意図するところは、ヒュームの議論に即して自然主義に立ちながらいかにして知識の進歩や道徳の成立を理解できるかということではなく、むしろヒュームの解釈とは独立に、倫理ないし道徳についての私自身の考えを整理することにあった。最近の世相を見るにつけ、こうした問題についてある程度自分の考えを整理すべきであると考えたのである。

しかし、議論は意外な方向にのびていった。いくらか現在の科学的知見を踏まえつつ自然主義の立場に立ちながら人間の倫理的なあり方の成立を考察しているうちに、議論は知らぬ間にヒューム的な倫理理論に沿うものになっているのに、私は気がついた。つまり現代のいくつかの科学的知見は、彼の道徳感情論を明白に支持しているように思えてきたのである。それは、あたかもヒュームの道徳論がそうした科学的知見を予見していたかのように思われた。それゆえ、本著は「ヒュームの洞察」という副題を持つ。

ヒュームの自然主義という立場を明示的に示すことは私にはなかなかできないのであるが、それが単に機械論的自然主義ではなく、それを含みつつそれを越えて生物の進化をも含みうるような自然主義でありうるとしてよいなら、本書はまさにヒュームの議論の延長上にあるものと言ってよいであろう。ただし私の議論に対して、異論は大いにありうるはずである。

本書についてここでさらになおいくつかのことを付加しておかねばならない。

本書執筆中に私は、人間における情念の役割という問題を考えていた過程で、ブラックバーンの議論を知った。これは、一方で私を元気づけたが、他方ですこし私をがっかりさせた。と言うのは、彼の考えと私の狙いがあまりにも重複していたからである。それは私の考えがまったくの見当はずれではないということを知りえた点で私を安心させたが、他方、私は自分の独自性への自負を失った。しかし、この国ではまだ、ブラックバーンの議論を多くの人が知っているようには思えない。それゆえ私の叙述も、この国では、まだいくらか意義を持つかも知れない。また、私の議論は、彼の議論を忠実に紹介することを狙ったものではないゆえ、私と彼の立場とにはいくらか違いはあるはずであり、その違い自体も無益ではないかもしれない。私自身としては、ここで得た知見は、より具体的な問題、例えば、我が国における倫理思想の過去の理解と未来の展望の獲得というようなことの基礎にもなりうる、と考えている。

因に言えば、本書は倫理、道徳に議論を集中したものであり、政治的社会思想にはことさら踏み込んでいないが、ここで得た知見は、ヒュームの社会契約論が持つ重要な意義の理解にも私を導いてくれたように思う。黙契という観念に基づくヒュームの契約論は、近代的な個人の人権の確立という見地から見ると一見煮えきらないように思われるかもしれないが、実はそうではないのではないか。社会の制度がまったく人間本性に無関係な単なる契約であるなら、異なった社会間には、社会的な事柄について理解が成り立たないかもしれない可能性がかえって残ることになるであろうし、また人間本性は利己的であることに尽きると主張して済むであろうか疑わしい、と私は今では思うのである。これらの点についても、今後の課題としてさらに考えてみたい。

私のすでに発表したものと、本書の内容との関係について、いくらか述べておかねばならないであろう。本書は大体において書き下ろしであるが、第四章は、二〇〇〇年六月に公刊した「科学研究補助金・研究成果報告書－基盤研究(C)(2)課題番号 91610047」『社会変動とエートスとの関係』に収録されている「人間本性について」を基としたものであり、またその第四章と第五章とは、一九九九年秋に大阪市立大学の哲学懇話会で発表した「道徳感情論の擁護」と内容が重なっている。第六章は、二〇〇一年三月「日本イギリス哲学会」において講演した「ヒュームの自然主義」とほぼ同様な内容のものである。さらに第七章第2節は、「観念説とヒュームの心の哲学」（一九九三年）、『モラル・サイエンスの形成――ヒューム哲学の基本的構造』（一九九六年）第二章の議論と重なるところを持つ。

本書を書くに当たって多くの人からご教示を得た。なかでもウェッソンの得た心理学上の実験結果や、これをさらに改定したコスミーデスとトゥビイの結果について教えて下さった摂南大学の福田市郎教授、また現代の生物学についていろいろ教えて下さった京都大学人文科学研究所の加藤和人氏に厚くお礼申し上げたい。ただし両氏のご教示、ご忠告を私が正確に理解し、活用できているかどうかは、私の感謝とは別のことであり、私が本書に述べたことの責任はすべて私にある。

最後になったが、本書の誕生をいつもながら親切に助けて下さった勁草書房の富岡勝氏と、索引の作成を引き受けて下さった、甲子園大学博士課程の院生である砂川智子さんに心から感謝したい。

二〇〇一年一二月

神野　慧一郎　記

植村恒一郎　時間の本性　四六判　二七〇〇円

千葉恵　アリストテレスと形而上学の可能性　弁証術と自然哲学の相補的展開　A5判　八〇〇〇円

一ノ瀬正樹　原因と結果の迷宮　四六判　三三〇〇円

伊藤笏康　人間に何が分かるか　知識の哲学　四六判　三三〇〇円

斎藤慶典　力と他者　レヴィナスに　四六判　三七〇〇円

佐藤義之　レヴィナスの倫理　「顔」と形而上学のはざまで　四六判　三二〇〇円

香川知晶　生命倫理の成立　人体実験・臓器移植・治療停止　四六判　二八〇〇円

信原幸弘　心の現代哲学　四六判　二七〇〇円

ティム・クレイン　心は機械で作れるか　土屋賢二監訳　四一〇〇円

T・J・ロンバード　ギブソンの生態学的心理学　その哲学的・科学史的背景　古崎敬他監訳　七〇〇〇円

野本・土屋編　フレーゲ著作集2　算術の基礎　A5判　三八〇〇円

＊表示価格は二〇〇二年二月現在。消費税は含まれておりません。

著者略歴

1932年　長崎県佐世保市に生まれる
1965年　京都大学大学院文学研究科博士課程単位取得退学
現　在　大阪市立大学名誉教授
著　書　『ヒューム研究』(ミネルヴァ書房、1984)、『モラル・サイエンスの形成――ヒューム哲学の基本構造』(名古屋大学出版会、1996)、ほか
編　著　『現代哲学のフロンティア』(勁草書房、1990)、『現代哲学のバックボーン』(勁草書房、1991)

我々はなぜ道徳的か　ヒュームの洞察

2002年3月12日　第1版第1刷発行
2003年2月10日　第1版第2刷発行

著者　神《かみ》 野《の》 慧一郎《けいいちろう》

発行者　井 村 寿 人

発行所　株式会社　勁《けい》 草《そう》 書 房

112-0005 東京都文京区水道2-1-1　振替 00150-2-175253
(編集) 電話 03-3815-5277／FAX 03-3814-6968
(営業) 電話 03-3814-6861／FAX 03-3814-6854
日本フィニッシュ・青木製本

ISBN4-326-15360-1　Printed in Japan

http://www.keisoshobo.co.jp

人名索引

【あ】

アクセルロッド, R.（R. Axelrod）　51-55, 63, 141

アリストテレス　26-28, 59-61, 87, 162, 168-177, 181, 185, 192, 213

アンスコム, E.（E. Anscombe）　25, 186, 189

ウイリアムズ, B.（B. Wiiliams）　6, 186

ウィルキンソン, ジェラルド（Gerald Wilkinson）　55

ウイルソン, E. O.（E. O. Wilson）　42-47、88

ウイルソン, J. Q.（J. Q. Wilson）　88

ウェッソン（P. C. Wason）　91, 111-114

ウェーバー, マクス（M. Weber）　108

エスリンガー, ポール（Paul Eslinger）　99

【か】

カルヴィン（Calvin）　148

カント（I. Kant）　22-23, 26-28, 34, 61, 153-156, 165-171, 177-182, 187

キケロ（Cicero）　148

コスミーデス（Leda Cosmides）　71-78, 91, 111-113

【さ】

シジウィック, H.（Henry Sidgwick）　25, 165-166

シャフツベリ（Shaftesbury）　105-106

シュニーウインド（J. B. Schneewind）　117

シンガー, P.（P. Singer）　42-46

スピノザ（B. de Spinoza）　165-166

スミス, アダム（Adam Smith）　106, 147-149, 154

セイヴァー, ジェフリー（Jeffrey Saver）　100

【た】

ダーウィン（Charles Darwin）　66

ダメイジオ, A.（A. Damasio）　第5章第1節

ダメイジオ, H.（H. Damasio）　94

ツールミン, S.（S. Toulmin）　165

ディヴィッドソン（D. Davidson）　128

デカルト（R. Descartes）　87, 107, 155-159, 162

デフォー, ダニエル（Daniel Defoe）　109

トゥビィ, J.（John Tooby）　71-79, 91, 111-113

ドーキンス, リチャード（Richard Dawkins）　64-67

トリバース，ロバート（Robert Trivers）　54

【な】

ノイラート（O. Neurath）　142, 176, 183

【は】

ハーストハウス（R. Hursthouse）　187-188, 192-193, 202-203, 211-213
ハッチソン（Francis Hutcheson）　106, 158
バトラー（J. Butler）　165-166
ハーマン，G．（G. Haramn）　124, 164, 182
ハミルトン，ウイリアム（William Hamilton）　54-55
ヒューム（D. Hume）　3, 30, 42, 51, 58-59, 106-107, 117-131, 136-143, 147-166, 181-183
フット（Philippa Foot）　186
プッリチャード（H. A. Prichard）　2
ブラックバーン（Simon Blackburn）　34, 107-110, 117, 130-139, 148-151, 154-155
プラトン　87, 153-156, 185
フランケナ（W. Frankena）　123, 164-167
フロイド（S. Freud）　33
ブロード，C．D．（C. D. Broad）　165-166
ヘアー（R. M. Hare）　124
ホッブズ（Thomas Hobbes）　4, 58, 120, 153, 177

【ま】

マッキー（J. L. Mackie）　47
マッキンタイヤー（A. Macintyre）　186
マードック（I. Murdoch）　186
ムア，G．E．（G. E. Moore）　123, 131
メイナード＝スミス，J．（John Maynard Smith）　51-54

【ら】

ロック（J. Locke）　23, 105-106, 120, 152, 157-158, 162
ラポポルト，アナトール（Anatol Rapoport）　53
リドレイ，マット（Matt Ridley）　56

事項索引

【た】

【な】

【は】

【ま】

【や】

【ら】

文　献

1. Adams, Robert M. (1976): 'Motive Utilitarianism', *The Journal of Philosophy,* 73, 467-481.
2. Anscombe, E. (1958): 'Modern Moral Philosophy', *Philosophy,* rep. in her *Ethics, Religion, and Politics* (1981).
3. Axelrod, R. (1984): *The Evolution of Cooperation,* Basic Books, also Penguin Books, 1990.
4. Barkow, Jerome H., Leda Cosmides & John Tooby (eds): *The Adapted Mind,* Evolutionary Psychology and the generation of Culture, Oxford Univ. Press (1992). *Adapted Mind* と略記する。
5. Blackburn, Simon (1971): 'Moral Realism', in *Five Essays in Ethics,* ed. by John Casey, Methuen, (1971).
6. (1981): 'Reply: Rule-Following and Moral Realism', in Holtzman & Leich (1981), 163-87.
7. (1988): 'Supervenience Revisited', in *Essays in Moral Realism,* ed. Geoffrey Sayre-McCord, Cornell Univ. Press, (1988), 59-75.
8. (1992): 'Morality and Thick Concept', *PASS.,* vol. 66 (1992), 285-99.
9. (1998): *Ruling Passions,* Clarendon, Oxford (1998).
10. Broad, C. D. (1930): *Five Types of Ethical Theory,* Routeledge &Kegan Paul, 1930.
11. Leda Cosmides, & John Tooby (1992): 'The Evolution & Psychological Foundations of the Social Sciences, in *Adapted Mind* (1992).
12. Crisp, R. (1992): Utilitarianism and The Life of Virtue, *The Philosophical Quarterly,* Vol. 42, No. 167, 139-160.
13. Crisp, R., and Slote, M. (1997): *Virtue Ethics,* Oxford University

Press.
14. Damasio, Antonio (1996): *Descartes' Errors,* Papermac (orig. Gorsset／Putnam Book, 1994).
15. Davidson, Donald (1973): 'Material Mind', in *Logic, Methodology, and Philosophy of Science* IV, eds. P. Suppes et al., 1973.
16. Stephen Darwall, Allan Gibbard, & Peter Railton (1997): *Moral Discourse and Practice,* Oxford Univ. Press.
17. Stephen Darwall, Allan Gibbard, & Peter Railton (1997a): 'Toward Fin de Siècle Ethics', in Stephen Darwall, Allan Gibbard, & Peter Railton (1997).
18. Frankena, William (1963): *Ethics,* Prentice-Hall, 1963 (second edition 1973).
20. Futuyama, Douglas J. (1998): *Evolutinary Biology,* SONAUER, State Univ. of New York at Stony Brook, chap. 26 Human Evolution and Variation (1998).
21. Dawkins, Richard (1989): *The Selfish Gene,* Oxford Univ. Press, (orig. 1979).
22. Garcia, J. L. A. (1990): 'The Primacy of The Virtous', *Philosophia,* 20, 69-91.
23. Gibbard, A. (1992): *P. A. S. S.* Vol. 66 (1992), 267-83.
24. Harman, G. (1977): *The Nature of Morality,* Oxford Univ. Press, 1977. 邦訳『哲学的倫理学序説』大庭健・宇佐美公生訳、産業図書、1988年。
25. Holtzman, S. & Leich, S. (1981): *Wittgenstein: To Follow a Rule,* Routeledge, 1981.
26. Hudson, Stephen D. (1990): What Is Morality All About?, *Philosophia,* 22, 3-13.
27. Hume, D.: *Treatise concerinig Human Nature* (ed. by Selby-Bigge. T. と略記) 1958, (orig. 1739), Oxford Univ. Press.
28. : *Enquiry concerning the Principles of Morals* (ed. by Selby-Bigge. with text revised and notes by P. H. Nidditch. E. P. M. と略記), 1978 (orig. 1751).
29. Hursthouse, R. (1999): *On Virtue Ethics,* Oxford Univ. Press.
30. (1991): After Hume's Justice, *P. A. S,* 229-245.

31. Kant, I.: *Grundlegung zur Metaphysik der Sitten,* 1786.
32. Matson, Wallace L. (1994): 'The Epiration of Morality', in *Cultural Pluralism and Moral Knowledge,* ed. by E. F. Paul, F. D. Miller, Jr., J. Paul (1994).
33. Locke, J.: *An Essay concerning Human Understanding,* ed. by P. H. Nidditch. (*Essay* と略記) 1979.
34. Louden, Robert B. (1986): Kant's Virtue Ethics, *Philosophy,* 61, 473-489.
35. Maynard Smith, John & G. R. Price (1973): The Logic of Animal Conflict, *Nature,* 246: 15-18.
36. Oakley, Justin (1996): Varieties of Virtue Ethics, *Ratio,* 9., 2, 128-152.
37. O'Neill, Onora (1984): Kant after Virtue, *Inquiry,* 26, 384-405.
38. Kenneth Pahel & Mavin Schiler (eds.): *Readings in Contemporary Ethical Theory,* Prentice-Hall, 1970. (*RCET.* と略記).
39. Paul, E. F. F. D. Miller, Jr. &J. Paul. (eds. 1994): *Cultural Pluralism and Moral Knowledge,* Cambridge Univ. Press, 1994 (*CPMK.* と略記).
40. Prichard, H. A.: 'Does Moral Philosophy Rest on a Mistake?', in *RCET*, orig. *Mind,* XXI (1912).
41. Putman, Daniel A. (1988): Virtue and Practice of Modern Medicine, *Journal of Medicine and Philosophy,* 13, 433-443.
42. Ridley, Matt (1996): *The Origin of Virtue,* Viking, 1996.
43. Rodd, Rosemary (1990): *Biology, Ethics and Animals,* Clarendon Press, Oxford, 1990.
44. Sayre-McCord, Geoffrey (1994): On Why Hume's "General Point of View" Isn't Ideal ---and Shouldn't be, in *CPMK.*
45. Schneewind, J. B. (1990): 'The Misfortune of Virtue', *Ethics,* 101 (oct. 1990) 42-63.
46. 　　　　　　　　(1998): *The Invention of Autonomy,* Cambridge Univ. Press, 1998.
47. Singer, P. (1982): 'Ethics and Sociobiology', *Philosophy & Public Affairs*, Vol. 11, No. 1, 40-64.
48. Spinoza: Ethica (1677年以降に死後出版). 邦訳『エチカ』畠中尚志

訳、岩波文庫。
49. Leslie Stevenson and David Haberman (1998): *Ten Theories of Human Nature,* Oxford Univ. Press.
50. Tooby, J. & Cosmides, L. (1990): 'On the Universality of human nature and the uniqueness of the individual – the role of genetics and adaptation', in *Journal of Personality,* 58.: 1, March, 1990. Duke Univ. Press, 17-67.
51. Tooby, J. & Cosmides, L. (1992): 'The evolutionary and psychological foundations of Culture', in *Adapted Mind,* ed. by J. H. Barkow., Leda Cosmides, John Tooby, Oxford University Press. 19-136.
52. Toulmin, S. (1964): *The Place of Reason in Ethics,* Cambridge Univ. Press.
53. Trianosky, Gregory W. (1986): Superogation, Wrongdoing, and Vice: on the autonomy of the Ethics of Virtue, *The Journal of Philosophy,* 83, 26-40.
54. Trivers, R. L. (1971): The Evolutiom of Reciprocal Altruism, *Quaterly Review of Biology,* 46: 33-57.
55. Wason, P. (1966): 'Reasoning', in *New Horizon in Psychology,* ed. by B. M. Foss, Penguin, 1966.
56. Wason, P. C. and P. N. Johnson-Laird (1972): *Psychology of Reasoning-Structure and Content,* Havard Paperback, 1972.
57. Williams, Bernard (1972): *Morality: An Introduction to Ethics,* Penguin Books.
58. (1993): *Shame and Neccessity,* Unive. of Calfornia Press.
59. Wilson, Edward O. (1978): *On Human Nature,* Penguin Books.
60. Wilson, J. Q. (1993): *The Moral Sense,* The Free Press.

和文文献

1. アリストテレス『ニコマコス倫理学』高田三郎訳。
2. 尾本恵市『ヒトはいかにして生まれたか』岩波書店、1998年。
3. 神野慧一郎：「倫理の理論における効用の観念」『哲学研究』第44巻第4冊, 1966年。

4.　　　　　　　:「功利主義の射程」、岩波講座・転換期における人間第8巻『倫理とは』所収、1989年。
5.　　　　　　　:「観念説とヒュームの心の哲学」『人文研究』大阪市立大学文学部紀要，第45巻，第三分冊，1993。
6.　　　　　　　:『モラル・サイエンスの形式――ヒューム哲学の基本的構造』名古屋大学出版会，1996。
7.　　　　　　　:『人間本性について』: 平成9－11年科学研究補助金・研究成果報告書、基盤研究（C）（2）、課題番号　91610047、所収(2000年)。
8. 塩沢由典『市場の秩序学』筑摩書房、1991年（初版は1990)。
9. デカルト『情念論』野田又夫訳（世界の名著22『デカルト』、中央公論社、1967年、所収)。
10. 宝来聡『DNA人類学』岩波書店、1997年。
11. 松沢哲郎:『チンパンジーの心』、岩波現代文庫、2000年。
12. 森三樹三郎:『「名」と「恥」の文化』、講談社現代文庫、1971年。